はじめに

本書の本旨をご理解いただくために、先に自己紹介をさせてください。

私（弊社）は、企業で働く従業員の方に、個別相談やセミナーを通じて①企業の従業員が老後破産を起こさないように、②正しく公平にマネーリテラシー（お金の知恵）を向上させることを役割とした仕事をしています。これを福利厚生サービスの一環として会員企業から依頼を受けるという仕事をしています。

私たちの仕事は、同じファイナンシャルプランナー（ＦＰ）でも、金融機関とは違い、金融商品を取り扱っていません。金融機関に相談に行くと、老後資金対策をする商品の選び方を教えてもらうことはできますが、私たちはご相談者を取り巻く環境、お金の自己分析（ライフプランシミュレーション）をして、問題や課題を見つけ、解決できるようになるお手伝いをする立場です。これを我々はマネーリテラシーお金の知恵）の向上と呼びます。

マネーリテラシーを向上する思考で大事なことが、問題がわかり解決するところになると、解決するツールは金融商品にあることもあり、制度にあることもあり、相談者自身にあることもあります。少しずつそれぞれにあることもあります。このようなことを知り、「解決策だけを教えてもらう」ではなく、問題は何で、問題を解決する方法はどこにあるのかを自分で見つけ、「自己判断」ができるようになることなのです。

でも、安心してください。本書の目的は、少しでもマネーリテラシー（お金の知恵）を向上させ、少しでも大きな安心を得ていただくこととしています。ただ、全部を完璧にできなくたって大丈夫。「少しできる」か「まったくできない」かでも大差があります。

「少しできる」だけで、

①　老後不安が大幅に解消されます。
②　お金のことを考えることが楽しくなります。
③　お金だけではなく、さまざまなことの計画を立てる力がつきます。
④　変な詐欺にあわなくなります。

こんな変化があるのに、日本人のマネーリテラシー（お金の知恵）はとてつもなく低いのです。日本人のマネーリテラシーは世界で43番目。先進国の数は23カ国といわれていますので、日本よりも上にすべての先進国と19カ国もの新興国や途上国が入っていることがわかります。

私は、学生時代はシンガポールに住んでおり、マネーリテラシー教育を受けました。金融先進国であるイギリスやアメリカでは「金融ケイパビリティ教育」という、お金の基本教育を学生時代に受けてから社会に出ます。しかし、残念なことに日本ではそのような教育を一切受けずに社会に放り出され、老後不安だけを注入されます。「そりゃみなさんも2000万円問題をニュースにされると怒るわ」と思います。真っ暗闇な老後、住宅ローンの重圧、高額な学費、貯め方さえもロクに教わらず、国から「年金がないから自分で頑張れよ！　自助努力だ！　2000万円問題があるぞ！」と他人事のように言われれば腹も立ちます。

でも、本書を手にとっていただいたみなさんが、読み終わるころには、マネーリテラシーを正しく学び、安心した気持ちで次のスタートを切れるようになっていただけることを目標に進めていきたいと思います。

田中佑輝

目次　67歳で貯金がなくなると言われた53歳が年金だけで100歳まで生きのびる方法

第1章

人生100年時代ではまだ半生！50代から「老後資金」を考え始める人のためのノウハウ

●50代でも全然遅くない！　老後資金は「計画」次第で劇変する！

●FPだから知ることができた最近の50代のお金の実態と対策法

第2章 【超実践的】FPが実際にやっている正確すぎるライフプランの作り方

第3章
【実例】実際の相談事例で
FPが作ったシミュレーションと改善策を公開

第4章
誰にでもできる！
老後を豊かにするココロの持ち方

第5章 知って得する！　高齢者向け支援制度

第6章　老後のお金「どっちがトク⁉」クイズ

第1章

人生100年時代では
まだ半生!
50代から「老後資金」
を考え始める
人のためのノウハウ

1

「ご近所さんとあなた」「夫の同僚とあなたの家」家庭によって必要老後資金はそれぞれと知ろう

突然ですが、問題です。

55歳のAさんとBさん、どちらが老後破産をする可能性が高いでしょうか。

【Aさん】

就職から今まで、とても高い年収を稼ぎ、平均手取り年収は1300万円でした。

現在貯金額1500万円、退職金は2500万円をもらえる予定です。合わせると4000万円になります。

【Bさん】

就職から今まで、平均的な年収を稼ぎ、平均手取り年収は400万円でした。

貯金額300万円、退職金は500万円をもらえる予定です。

2人とも、子どもは2人いて独立しており、お金がかかりません。かけた学費は3000万円でした。住宅ローンは2人とも（利息込み4000万円）ありましたが、今は完済しています。どちらも23歳から就職をしています。

どちらも奥さんは専業主婦でした。

理由も添えてください。答えが決まったら、ページをめくってください。

答えは、**圧倒的にAさん**です。

あれ、退職金も貯金もたんまりあるはずのAさんが老後破産しやすいのはなぜ？　と思った方も多かったのではないかと思います。

【解説】
まず、２人がこれまでに受け取った総額から、住宅ローンと学費と貯金額を引き算すれば、いくらを生活費や旅行などに使っていたのか概算がわかります。

Aさんがこれまでに受け取った総額
（55歳－23歳）×１３００万円＝**4億1600万円**
Bさんがこれまでに受け取った総額
（55歳－23歳）×４００万円＝**1億2800万円**

２人に共通してかかった学費総額は３０００万円ずつ、住宅ローンの返済総額（利息込み）は４０００万円でした。

Ａさんはいくらを生活費や旅行などに使っていたか？

答え：３億３１００万円

【計算式】
４億１６００万円－学費３０００万円－住宅ローン４０００万円－貯金１５００万円＝３億３１００万円

Ａさんは55歳ですから、23歳から55歳までの32年間で３億３１００万円を使っていた計算になります。つまり、**１年あたりおよそ１０３４万円。月86万１６６７円を支出していた**計算になります。

とても華やかな生活をしていたのでしょう。奥様もママ友が羨むようなきれいな服を着て、ご主人はいい車に乗っていたかもしれません。

一方、**Bさんはいくらを生活費や旅行などに使っていたか？**

答え：５５００万円

【計算式】
１億２８００万円－学費３０００万円－住宅ローン４０００万円－貯金３００万円
＝５５００万円

Bさんも55歳ですから、23歳から55歳までの32年間の間で５５００万円を使っていた計算になります。つまり、**１年あたりおよそ１７２万円。月14万３３３３円を支出していた**計算になります。

年間でいくら支出していたかがわかったところで、次は、AさんとBさんがそれぞれ**いくらの年金をもらえるか計算**してみます。

Ａさんがもらえる国からの年金の想定額は、夫婦で３００万円です。
Ｂさんがもらえる想定額は２３０万円です。

おわかりでしょうか？

Ａさんは、
年間３００万円もらえる年金額の中で、これまで同様、毎年１０３４万円を使おうとすると、毎年７３４万円を貯金から捻出しなければなりません。貯金と退職金を合わせた４０００万円を使い切るまで、５・45年しかありません。

Ｂさんは、
年金額２３０万円に対して、支出していた額は１７２万円です。
逆に**余ります**。普段の生活を同じにできるなら、毎年60万円弱を別枠で、旅行など、これまでしてこなかった楽しみに使えるほどの余裕がありました。

華やかな生活をしていたAさんに待ち構えるのは、これまで膨張してしまった消費レベルを下げない限り生活が持たないという事実。これまで使ってきた月間の消費額86万円強を、かなり落とさない限り老後破産です。「忙しく働いて家にもロクにいなかったんだから、老後くらいゆっくりお金を使いたい」と思っているかもしれません。高価な物を身に着けていた奥様が、もっと美容にお金をかけたいと思っていたかもしれません。

私が見てきた相談者の中で、Aさんと同じ年収を稼いでいて、55歳で1億5000万円貯めた人もいました。Bさんと同じ年収でも貯金0円、住宅ローンもたんまり残っている人もいました。お金がないけど子どもにはいい学校に行かせてあげたいと言い、長男を医学部に行かせた年収700万円のご家庭もありました。

このように、年収が高くても即座に老後破産してしまう家庭もあれば、年収が低くても、余裕が出る人と出ない人がいるのです。

でも、みんな同じ悩みを持って相談に来ます。

「自分の老後が不安だ……」と。

誰か同一人物から言われて相談に来ているのかな？　と思ってしまうくらいみんなが同じ不安をかかえて相談に来るのです。

そして、**みなさんが不安になる最大の理由は、先が見えていない**ことなのです。

どの家庭も、このままいくとどうなるかをわかることで、安心できるし、安心ではないことがわかっても対策方法を考えることへのモチベーションになるのですが、みなさんに「なぜ、わざわざ我々のところに相談に来るのか？」と聞くと、答えは一つ。

「何からどう考えてよいかわからないから」と言います。

本当は、情報の整理さえできればとても簡単な計算なのですが、最初は、何が必要かもわからない。学校では誰も教えてくれないし、社会に出ても誰もわからないのです。ちなみに、２０００万円問題が話題になったとき、特に50代の相談者が急増して、我々もパンクしそうになりました。そのときにも、多くの方の不安が「私、２０００万円なんて持っていないです」でした。

「真夜中に、車のライトも車道のライトもついていない真っ暗闇で、１００㎞／ｈで走らなければ命はないぞ」と言われたら、恐怖しかないですが、電気をつけたら前が見えます。やることはそれと同じです。

老後不安は将来が見えれば解消される。また、**見えた将来が不安であったとしても見えることで解消する方法を探ることができます。**

将来が不安。
不安の解消の仕方がわからない。

そんな人のために、この本を執筆することにしました。ぜひ、最後まで読んでいただき、あなたの家計管理脳を強靭なものにしてください。

2

誰でもできる！　将来の貯金額を把握するカンタン整理法

私が経営するファイナンシャルプランナー事務所では、年間2000組以上の個別相談をしています。全員にさせていただく質問で、誰もがすぐに答えが出ない質問をしたいと思います。

電卓で計算などせずに、パッと答えてください。

① 月々いくら貯金していますか？

② 一年間ではいくら貯金していますか？

どうですか？　答えはすぐ出ましたか？

これらの質問のうち、「①月々いくら」にすぐに答えられる人は多いのですが、②になると詰まる人がほとんどです。

あなたはいかがでしたでしょうか？　②もすぐに答えられたら、きっと家計簿をしっかりつけて、計画的にお金の管理をなさっている方なのだと思います。平均をとれば月〇〇円といえる人もいると思います。ですが、「年間」となると一気に回答に詰まる人が多いのです。

ただ、ファイナンシャルプランを考える上では、家計を年間で見ることが鉄則です。普通に生活をしていて、お盆や正月、ゴールデンウィーク、誕生日月ではいつもより支出が増え、家計をわかりづらくさせ、赤字なのか黒字なのかわからなくなった経験もあると思います。
子どもが公立学校から私立になったことで月々の支払いだった学費が半年に一回になって混乱した人もいるでしょう。住宅ローンでボーナス払いを併用しているから、月々は貯金できている気になっている人も。

このような状態で月々だけを見ているとわかりづらいのです。老後を迎えたら年に1回海外旅行に行きたいとか、子や孫にプレゼントをしたり、ときには子どもに住宅購入資金の援助をしてやりたいと思ったりします。
反対に年間で考え、予算が立てられているだけでも、快く使うことができるようになるのです。

まとめ

価値観を把握する第一歩目は、年間ですべてを把握すること。

3

年間で把握した数字を将来の貯金額につなぐ計算方法

「年間で」それぞれの支出にいくらをかけているか？

老後を迎えたあなたは、「年間で」いくらを使っていいのか？

それらを知り、今と将来の年間収支を知ることで、抜けを最小限にした家計予算を立てることができるようになります。


すべての予算を年換算してみるのです。

年間の食費、年間の旅行費、年間の光熱費、年間の住宅ローン、年間の固定資産税、ボーナス込みの年間の手取り額……すべてです。そうすると、シンプルになります。

シンプルになると、計算がまとまって、簡単になり、将来像が見えやすくなりますし、判断がしやすくなります。

すべてを年換算できたら、**「年間の手取り収入」と「年間の支出」を引き算するだけで1年分の貯金がいくらかをすぐに把握できる**ようになります。

みんながやっていそうでやっていない簡単な方法です。

まずは、一回、収入も食費も住宅ローンも……すべてを年換算で計算してみてください。そうすると、年単位での貯金がひと目でわかるようになります。

ここまでできたら、今年の分、来年の分……そして10年後の分まで作ってみましょう。それぞれの年の貯金額を足し算すれば、将来の貯金額が簡単にわかります。

まとめ

年間収入－年間支出を10年後まで出せば将来の貯金がわかる。

4

一生続く支出と続かない支出を区分けすると老後が劇的にわかりやすくなる

長い先の貯金額を把握する上で、邪魔をしてくるのが、「収入と支出の変化」です。ただ、区分け方を知れば、とても簡単です。

まずは、収入と支出で区分けします。

最初に、収入です。

【収入】

・現役の年収
・60歳以降の年収
・65歳以降の年金収入
この収入の変化が何年後に起こり、それぞれの年の収入がいくらかすぐにわかります。これで収入は終わりです。簡単ですね。
年金の調べ方や60歳以降の考え方は後の章で説明していますので、読みながら判断をしてください。

次に、支出です。

【支出】
・子どもがいることでかかる費用
・子どもが独立して家を出てもかかる（かけたい）費用
・住宅ローン

「子どもがいることでかかる費用」は、学費や子どもにかかっているこづかいや食費などです。将来いつかは子どもにかかる生活費はなくなりますので、区分けをしておきます。

ただ、「子どもが独立して家を出てもかかる（かけたい）費用」は将来的にも残ります。夫婦の食費、光熱費、旅費、趣味の費用などです。これは一生かかるものとして考えておきます。

「住宅ローン」は完済すれば、支払いがなくなります。シンプルにするために、繰り上げ返済などは一旦考えないでください。

すべてがわかったら、それぞれがいつまで続くのかを考えます。

収入は「●歳まで◇円」「子どもにかかる費用は■歳まで▽円」「住宅ローンは□歳まで▲円」といった感じです。

あとは簡単。２０２０年は収入がいくらで支出がいくら、２０２１年はいくらの収入でいくらの支出になるのかなどを**年単位で計算**するだけです。

それを**紙に書いて並べていくだけ**でできます。

並べていくと、今年は●●円の貯金ができる。来年は▽▽円……といった感じで、シンプルに計算することができます。

並べた数字を足し算していけば、65歳時点でいくらの貯金が貯まっているのかが一目瞭然になります。

65歳のときの貯金額はいくらになりましたか？

80歳のときの貯金額はいくらになりましたか？

まとめ

80歳のあなたの貯金額を把握するためには、毎年の貯金額の足し算をしよう。

5

ここまでわかったあなたの将来に希望を追加してみよう

このあたりまでやってみると、子どもの学費と住宅ローンが終わった後、毎年同じ金額の「年金収入」と「子どもが独立して家を出てもかかる（かけたい）費用」が並ぶようになっていると思います。

冒頭で説明したAさんとBさんの例からもわかるように、子どもが独立して家を出てもかかる（かけたい）費用の差が家庭によって違います。

これに**あなたの将来の希望を入れたものが「あなたの家庭の価値観」**です。

将来の希望の入れ方も簡単です。次の質問に答えながら、並べた将来の支出額に足し算（もしくは、貯金から引き算）していくだけでできます。

- **あなたがセカンドライフに入ったらやりたいことは何ですか？**
- **それは、年間でいくらかかりますか？**
- **それは、何歳から何歳までかかりますか？**

とても簡単ですね。

質問に上がった数字を並べた将来の貯金額から引き算するだけです。

まとめ

把握した貯金額から希望を踏まえた額を引き算することで価値観を計算する。

6

計算結果で老後破産がわかってしまった。こんなときどうする？

ここまで計算してみると、「何歳まで持たせれば安心なの？」という疑問が浮かぶと思います。

お金の寿命は最低90歳、目標100歳になるようにやりくりを考えるようにしてください。人によっては、「私（俺）は80歳で死ぬからいいんだ！」なんて言う人もいますが、生きてしまったときのことを考えること。そして、100歳まで生きないとしても、介護や医療など想定していなかった費用も考え、余計にかかる資金を考慮するためにも、100歳までとすることが推奨されています。

「70歳でお金がなくなる。まずい！」なんて思った人もいると思います。

そういうときは、こんなことを考えてください。

月1万円改善したら何年分延びるのかを計算してみる。

その上で、1万円が「つらいもの」なのか「簡単にできること」なのかをイメージしてみてください。できそうだと思えば、それはあなたの予算です。しっかり家計簿をつけるだけで、一時期流行った「レコーディングダイエット」のように簡単に1万円削減できたなんて人は意外と多いので試してみてください。

ここまでできるようになったあなたは、**自身の価値観を把握し、調整することができるようになった**と言えます。

やってみないと妄想ばかりで整理がつかなくなり、見えない不安に苛まれますが、やってみると、とても簡単にスッキリしませんか？

まとめ

あなたの価値観を知った後は調整をしながら100歳を目指す。

ここまで、現在までのあなたの価値観の計算方法と、将来像を描くことについて書いてきましたが、50代を想定通りにさせてくれない事案がたくさんあります。それらのリスクを回避すべく、**先に知って、起きたときに対処できるように**しておきましょう。

1 リストラ・早期退職に狙われたときの対処法

最近は業績が悪いわけではないのに、早期退職者や希望退職者を募る企業が増えています。
東京商工リサーチの調査によると、２０１９年に早期退職者や希望退職者を募集した上場企業は36社に上り、その合計人数は１万１３００人余りだったそうです。その前の年の２０１８年は12社、約４０００人だったので、３倍ほどに増えたことがわかります。

理由は、次のようなものがあります。

① **景気がよくても後退することに備えて、経営を見直す動きが目立ち始めたこと**
少し前までは、終身雇用を受け継いだ考え方が強かったのですが、年々、その考え方は薄れ、**動きが鈍いのに収入が高い50代より、機動的で収入も低い若年層を**優先する動きが目立ち始めています。

② **バブル期に多く採用された50代が多すぎること**
特に大企業では、バブル期の大量採用により増えた50歳前後の社員は他の世代よりも多く、**「社内の人口ピラミッドの形が悪い」という企業が、全体の約半数を**

占めています。50歳前後の社員に退職を促して、社員の年齢別の構成バランスを整えようとする狙いがあります。

企業が早期退職を促すとき、退職希望者に対して退職金を上乗せしたり、再就職できるように支援を行なったりするケースが多いです。これを機に退職して新しい仕事に就く方法もあります。

ただし、再就職したとしても、収入が下がる場合が多く、もし、再就職先がなかなか決まらなければ、上乗せされた退職金をもらったとしても、それを切り崩すことになりかねません。

この判断の場面に差し掛かると、多くの人は、呆然としたり、しがみつくことに専念したりしてしまいます。

「学費もかかる時期だしだめだよ」
「住宅ローンもあるしさ」

ではなく、ここでは希望を持って、

図表１　主な上場企業の早期・希望退職者の募集状況

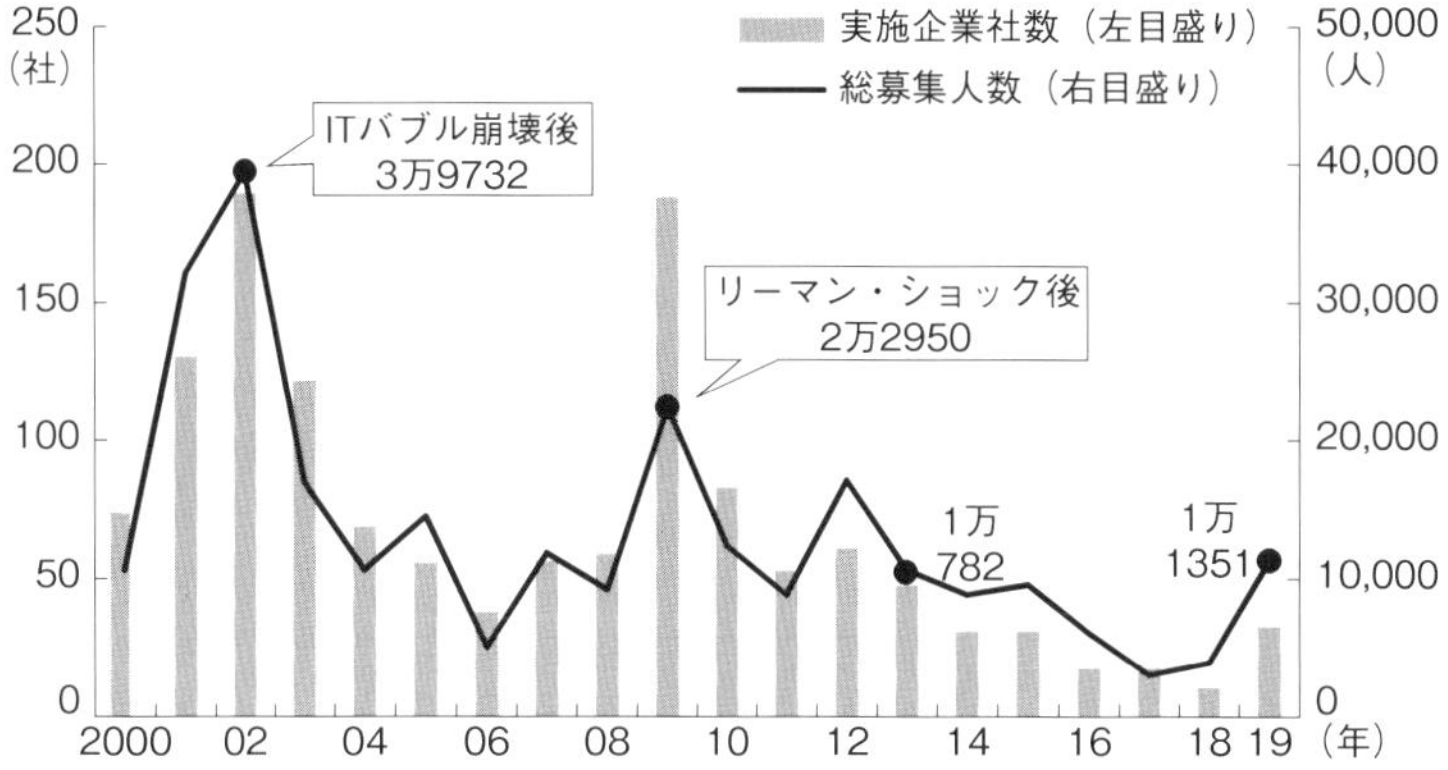

※募集人数で、募集枠を設けていないケースは応募人数で計上
※出典：東京商工リサーチ「2019年上場企業『早期・希望退職』実施状況」を基に作成

働き方が多様化されている今、もしかすると、早期退職金が次の一手になることもあると考えてみましょう。

このようなときにも、前段で勉強した「価値観の整理」が役に立ちます。

「リストラにあったらうちの家計はどうなるのだろう？」

「収入がいくらまで下がることを許容できるのかな」

と考え、計算してみましょう。

無理に会社にしがみつかなくてもどうにかなる方法を思いつく可能性があります。

意外と、**収入が下がっても気軽に仕事を**

できたらもっといい人生になると思えるかもしれません。

全然だめかもしれません。

計算しないとわかりません。

何よりも計算をして将来を見える化することが大事。真っ暗闇は怖いけど、懐中電灯があって少しでも前が見えれば不安は小さくなります。

大事なことは、**あわてる前に数字で把握する**ことです。

まとめ

今後も増えるリストラ、早期退職。そうなったときあなたの家計がどうなるのかを数値化することが安心の近道。

2

「晩婚」や「年の差婚」の人必見！教育費と定年が重なる実態

晩婚化が進んで40歳前後で子どもが生まれることが珍しくなくなってきています。私のところに相談に来る40～50代の人で、子どもがまだ幼稚園や小学校に通っているという方も多いです。そういう人は将来、自分の定年と子どもの大学進学が同時になるケースも多く見られます。

親として、子どもの学費は工面してあげたいと思う人も多いでしょう。

しかし、大学は私立文系で一人あたり670万円程度、理工系にいけば810万円ほどかかり、老後資金を貯める期間がない人たちにとっては死活問題です。

自分が定年近くになった時期に子どもが大学に行く場合、払ってあげられるのか、できないのかを把握するためにも、やはり、計算をしてみます。やることは同じです。まずは把握することです。学費を払ったのに、自分たちが老後破産に近づき、結果子どもに頼るのも本末転倒です。

どうしても厳しい場合は、奨学金を検討してみましょう。利用したことがある方にとっては当たり前の情報かもしれませんが、利用したことがないと心苦しくなるものです。ただ、奨学金を受給している学生の割合は、大学学部（昼間部）で48・9％、大学院修士課程で51・8％、大学院博士課程で56・9％が利用しているのです。

当然、奨学金で全額を子どもが負担することもできますが、学費を親が払って、生活費や教科書代は奨学金に頼るということもできます。

あなたがしたい生活と子どもにさせたい生活を数字で比較してみましょう。数値化した後に、自分の価値観となる生活費をいくらにすれば、子どもの学費を払ってあげられるのか？　無理が必要なのか？　そうでもないのかを知ることです。その上で奨学金があったらどうなんだろうか？　と考えてみることが大事です。

また最近、私の実感として要注意なのが、片方だけが晩婚、つまり「年の差婚」です。年の差婚の夫婦で多い問題として注意していただきたいのが、**学費と妻の老後と遅く買った住宅ローン残高の三重苦**です。

こんなケースがありました。

大企業に勤める50歳の夫と38歳の妻、子どもは6歳。

このご家庭の場合、夫が地方勤務の43歳のときに妻と知り合って結婚し、一緒に東京に戻り子どもが生まれました。そのご家庭は、夫の年収は１５００万円、貯金は３００万円でした。男性として12歳も年下の地方の女性を東京に連れて行くとなると責任も重大。妻も「新しい環境で仕事を探すのは億劫」と言っていた中で出産。子どもができたことにより手狭になった賃貸マンションから３ＬＤＫのマンションを44歳のときに購入。この方のライフプランはかなりきついものでした。今は夫の収入が高いため何とかなりますが、特に老後がつらい状態です。10年後には夫は60歳、妻は48歳、子どもは16歳です。子どもが大学に入るころには収入が大幅に減り、住宅ローンもたんまり残っている計算。さらに妻の年金が入るのは、夫が77歳のとき。

妻は平均的な年齢で結婚したのに、夫の結婚が遅く子どもが生まれるのも遅れ、遅く家族ができたので住宅購入も遅かったという先の例のようなケースは、**さらけ出してお互いの価値観を語り合う時間を**作ってください。さらけ出せているなら問題ありません。

よくあるのが、そこそこの年齢になって結婚した夫は、当時収入も高く、結婚してもお金の管理はまかせっきり。年上の夫はプライドもあるので「お金が足りない」と言いづらいかもしれませんし、そもそも本書に書かれているような計算をしていない可能性があります。まかせっきりにするのではなく、専業主婦で年下の妻には言いづらいことかもしれませんが、年齢差があるからこそ違うかもしれない価値観を話し合うことが大事です。

まとめ

晩婚、年の差婚は結婚当初から将来をじっくり話し合う。

3

退職金の受け取り方を間違え「数年で破産」

退職金の受け取り方は3種類あります。

① **「退職年金」として何年かに分けて分割で受け取る方法**
② **「退職一時金」として一括で受け取る方法**
③ **「退職年金」と「退職一時金」を併用する方法**

選択をするのは、基本的には自分になります。
受け取り方一つで「老後破産」を迎える可能性があることを、行動心理学の観点から解説していきます。

退職金の受け取り方、それぞれのメリットとデメリット

「退職年金」の場合、年金として受け取るまでは企業が年率2％などの比較的よい利率で運用してくれます。しかし、受け取り時には、「雑所得」として「所得税」がかかります。また、額が大きくなるとその分、健康保険料が高くなることもあります。つまり、**退職年金で受け取った場合、普通に国の年金だけを受け取るよりも税金や健康保険料が高くなる可能性があるので、いくら高い金利で運用をしてくれるといってももらえる額が少なくなる計算になることがほとんど**です。

「退職一時金」として受け取る場合は、「退職所得控除」という一定の非課税枠があります。同じ会社で働いていた期間が長くなるほど、大きくなり、長期間同じ会社で働いていた人にとってはメリットが大きいのが特徴です。

そのため、大きな額を退職一時金で受け取る人が多く、**管理に失敗し、破産の道を**

進む人が多いのがこっちです。

税金や支出が少なく、手取りが多くなる「退職一時金」を選ぼうと思った人が注意できるように、**人は大金を手にするとどのような行動をとってしまうのかを行動心理学の側面から知っておく**と抑制しやすくなります。

大金を手にすると判断を誤る「限界効用逓減の法則」

人間は、大金を手にすると何かに使ってしまうということが行動心理学の実験により立証されています。

宝くじが当たった人の自己破産する確率……**33％**

アメリカのメジャーリーガーが自己破産する確率……**41％**

冒頭で説明したAさんの事例もまさにこれです。

人間はお金があると、使うことに楽しみを覚えます。ひとたびお金を使うと、使うことへの快楽度が減少します。そうするとお金をもっと使いたくなります。この積み重ねが破産に向かわせることを専門用語で「限界効用逓減《げんかいこうようていげん》の法則《ほうそく》」といいます。

あなたにもこんな経験はないですか？

●学生時代は、飲み放題の安い居酒屋でもおいしいと思えたが、収入を得るようになってからは、それが楽しくなくなった。
●1回くらいと思って100万円をかけて行った海外旅行がきっかけで、これまで行きもしなかったはずの国内旅行が安く見えるようになる。
●若いとき大金だったはずの10万円の使い道。今は1000万円あるから100分の1の10万円くらいは使ってもいいと緩む感覚。
●ボーナスをいつもよりもらったから1回くらいはごほうびで奮発と思っていたら、ごほうびが毎年に。

あなたも、知らぬ間に限界効用逓減の法則にのっとって行動をしてしまっているのです。

駆け込み寺のように弊社に来る相談者でこんな人が少なからず存在します。

退職者をターゲットにした「退職金好金利定期預金キャンペーン」と称した定期預金に預けるつもりで行ったが、気づいたら営業パーソンと出会い投資信託を買わされて暴落。青ざめて我々のところに相談に来たという人が。

この類の商品は、退職証明を持参することで、3カ月だけ定期預金で年率3%もの利息をもらえます。うたい文句は、「退職金限定!」なので、引っかかりやすいのです。その広告に引っかかって銀行に行ってみると、

「お客様、これは3カ月だけの定期なので、3%といっても1年預けないと丸々はもらえません。この商品は3カ月だけなので、0・75%しかもらえません。さらに、税金を引くと0・6%くらいになってしまいます。それよりも●●のようないい商品がありまして……」

高額を持ち込み、いつもは連れてはいかれない裏手のあたかも富裕層が入るようなブースで案内を受けると気も大きくなって、「貯金は2000万円あるし、増えたらラッキーだしな。500万円くらい……」と自己洗脳を始め、リスクの高い商品を

買ってしまうのです。

特に見られがちなのが、これまで一切資産運用を経験していなかった人が突然大金を手にして、始めてしまうときです。

回避方法は、

① 限界効用逓減の法則を知り、判断を誤ってしまう自分を自制する。

② 今からコツコツ、資産運用やお金のことを少額から始めて学んでいくこと。

老後は現役のようにやり直しがききません。収入があり、やり直しができるときに、やり直しができる金額でやってみることをおすすめします。

まとめ

限界効用逓減の法則を知り自制力を高め、資産運用は小さな額で今から始める。

4

「見栄っ張り」が一番貧乏

今の50代後半の人はちょうどバブル世代にあたります。若い世代と比べて、若いころにバブル経済を経験しているため、お金は「使うことが善」だと思っている人が多いのが実態です。

そんなこともあり、業種や職種にもよりますが、「ごほうび」が好きな世代でもあります。

バブル期は給料もどんどん上がるし、物価も上がっていくから、ボーナスが出ると「自分へのごほうび」と称して、高価なブランド品などを買ったり、海外旅行に出かけたりということが当たり前な人も多くいます。

ただ、若いころの習慣を改めるのは難しいようで、今でもつい、お金を使ってしまいます。

そういう人たちとつき合っている人は、「老後資金が足りない」と言っている人でも、社員食堂で食べたら300円なのに社外で1200円のランチを食べたり、ゴルフに誘われたら「お金がない」とは言えずにいたりします。

女性もつき合う相手によっては、ママ友ランチが高額になっていったなんていうことも聞きます。

当然、つき合いも大事です。一定の見栄も大事です。ただ、行き過ぎると老後資金に重圧がかかるのです。

できるならば、計算をして、リセットが必要なら試してみることも検討をしてみましょう。

そんな見栄につけ込んだ、驚くようなケースがありました。現役時代は年収が多く、退職金も十分にもらったはずの人が、定期預金を担保にして銀行から借金をしているというのです。

若い世代には到底理解のできない行動です。

理由を聞くと、別にお金に困っているからではなく、銀行の担当者から「さすが一流企業にお勤めされていただけあって資産をお持ちですね。ちょっと100万円か200万円ほど、お借り入れしていただけませんか」と頼まれたからだと。断ったら格好がつかない、ケチだと思われたくない、というプライドのせいで借りてしまったといいます。

見栄が邪魔した最大の無駄遣いです。

まとめ

見栄と余計な支出とは連動している。見栄のリセットも老後を守るいい作業。

5

高収入ほど老後破産確率が高い！

冒頭のAさんの例でもお伝えしましたが、高収入の人は、貯蓄額も高いのではないかと思うかもしれませんが、実はそうではありません。**年収が高い人ほど現役時代にお金を使い過ぎてしまう傾向があり、老後資金が不足する可能性が大きいといえます。**

若いころから高収入だった人は、「高額支出の価値観」がついてしまっています。

それは年収の高い夫を持つ妻も同じです。

高収入で支出が多い家庭が相談に来られて、ライフプランの結果を見るやいなや、皆、口を揃えてこう言います。

「うちはそんなに使うほうではないはずなのに……」と。

でも、他の人と比べると十分多く使っています。

年収が高ければ高いほど注意しておかねばならない点が、**現役年収と年金額の差が大きくなる**ことです。


あまり知られていないのですが、厚生年金保険料の支払い上限額は**年収766万円まで**なのです。

つまり、その**年収を超えるともらえる年金額は全員同じ**ということです。

年収が766万円でももらえる年金額は220万円程度、年収が1000万円だろうと、5000万円だろうと年金額は220万円程度です。

そのため、2000万円（手取り1400万円）もらって、全額使っている人の老後資金不足額は、1400万円－220万円＝1180万円／年になるのです。

一方、平均年収の人たちは、給与の手取りが330万円程度に対して、年金額は

150万円程度なので、全額を使っていたとしても不足額は180万円程度なのです。

老後に支出を抑えなければならなくなったとき、180万円を削減するよりも1180万円を削減するほうが大変なのです。

「私の話かも……」と思った人は、65歳になってから見直すよりも、**今から少しずつ見つめ直してみる**ことを始めてください。

ダイエットと同じで、急にやるとリバウンドします。老後にリバウンドをするということは、老後資金が激減し、将来もっと厳しいダイエットが必要になるということです。

まとめ

収入が高い人ほど老後破産を早めから警戒しよう。

6

老後生活は、65歳ではなく60歳から始まる

２０１３年から年金の支給が65歳になることに伴い、企業は、希望する65歳までの人を雇用することに対して「努力義務」から「雇用義務」になりました。２０１９年には、さらに70歳までの人を雇用することに対して「努力義務」を課すようになりました。

この制度も近いうちに「雇用義務」化していくものだと思います。

それに伴い、企業は、70歳までの人を雇用をするために、現役や60～65歳の人の収入を減らして調整する行動をとり始めています。

図表2　役職定年後、賃金が50%未満になる人が4割近くいる

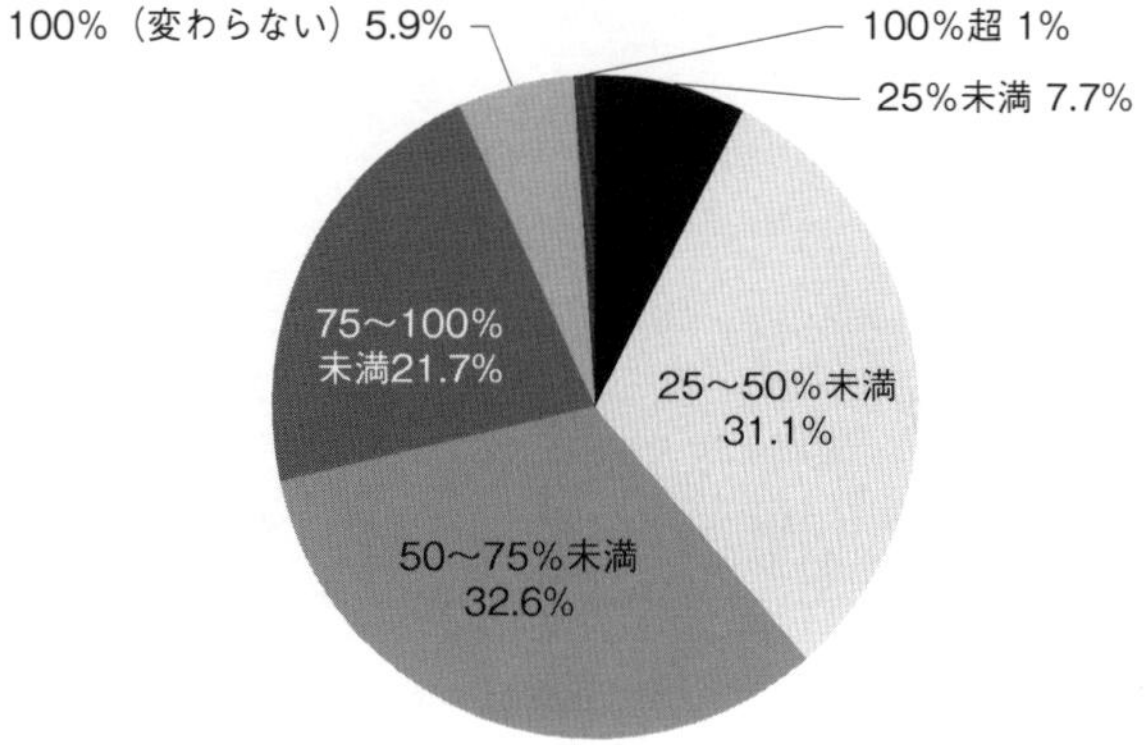

※60〜64歳の男性対象
※出典：公益財団法人ダイヤ高齢社会研究財団「50代・60代の働き方に関する調査報告書」（2018年）を基に作成

すでに制度が整ってきている60〜65歳の人たちの平均収入は現役時の収入の半分未満になるケースが4割近くあります。70歳までの雇用が義務化されてしまうと、60歳からの収入が年金よりも減ってしまう可能性が考えられます。

未だ、60歳からの収入が減ってしまうことを知らない人もいます。

さらに、悪化していく可能性がある中、60歳になって給与明細を見て気がついて、あわてて節約しようとしてもときすでに遅し……。

中には問題を先送りにして、「来年から出費を減らそう」と言っているうちに、70歳で貯蓄を使い尽くしてしまった人もいます。

老後は65歳からですが、収入が減るのは60歳からです。

将来を考えるときには、

「収入は60歳から減るんだ」

そんなことを考慮して、**今から考えなければいけない**でしょう。

まとめ

ライフプラン上の年金生活は、60歳からと考えるべし。

7

70代まで働く時代。「時代」と「健康」は別物

60代の人の相談を受け、ライフプランシミュレーションを作っていると、こんなことをおっしゃる方が多い印象を受けます。

「自分は70歳まで働く前提で計画を立てたい」
「いや、75歳まで現役で働く前提で考えたい」
というものです。

シミュレーション上、働き続けるのだから収入があるし、それに加えて65歳になれ

ば年金も支給されるからと、老後資金についてあまり心配しないでよさそうな結果になります。

ここには、注意が必要です。

特に弁護士や医師、大学教授などといった手に職を持っている方々がおっしゃるケースが多いです。

弁護士や医師、大学教授は、以前から年を取っても働くことが可能でした。弁護士や医師は、自営業であれば定年がないので働こうと思えばずっと働けます。大学教授の場合、教授の定年が70歳というケースが多く、長く働くことが当たり前になっているからです。

このような職業に就いている人は、60代でも1000万円を超える年収を得ている場合があります。

そのため他の60代の人に比べて、余裕がある生活を送れるだろうと本人は考えているようです。

しかし、50～60歳よりも60～70歳のほうが病気のリスクは高まります。**病気で倒れ**

て長期入院。そうなると、仕事ができない、論文も書けないという事態になり、70歳まで働くつもりが60代で仕事を辞めなければならなくなることも。働くことが前提の老後設計が大幅に崩れてしまいます。

年を取っても働き続けるには健康が第一です。バランスのよい食事や十分な睡眠、適度な運動を心がけて、病気にかからないようにすることもとても大事になります。

その上で、**途中で働けなくなるかもしれないリスクを想定**して、70歳まで働こうと思う人は、**65歳までしか収入がないと考えて計算**をしてみることを、おすすめします。

まとめ

病気になるリスクは年齢とともに上がる。想定よりも早く引退することを想定して計算する。

8

老後は毎日が日曜日。「孤独」×「高齢」×「ギャンブル」が大流行

「ギャンブル依存症高齢者が急増！」

私はこのニュースを見て驚きました。

確かに、高齢者が増えているからという見方もありますが、といっても、明らかに増え方が高齢者増加数を上回っています。

今、退職後にギャンブル依存症になる人が増えていて、少しずつ社会問題になっているのです。厚生労働省によると、ギャンブル依存症の人のうちの約4割が、高齢者

であるとのこと。すでにギャンブルにはまっていた人の数だけでは計算が成立しません。高齢者になってから新しく依存症になった人が急増していることが数字を見るとよくわかります。

仕事がなくなった喪失感やパートナーを失ったことによる孤独感からギャンブルに手を出してしまう人が多いようです。

また、定年後に初めて行ったマカオでギャンブルの楽しさを知ってしまい依存症になった人も。

前に書いた「限界効用逓減の法則」を覚えていますか？

退職金をもらってまとまったお金があることも、ギャンブルに向かってしまう理由になります。

行動経済学でノーベル経済学賞をとった**プロスペクト理論**という理論があります。

この理論では、

「人はもともとリスクを嫌う生き物である。だから、リスクを回避する行動を優先す

る。そのため、最初ギャンブルのリスクは高いから嫌う。だが、一度はじめに損失を被ると、損失を回収することがリスクを回避する方法だと錯覚する。取り戻すために、さらにギャンブルを重ね、損をして回収をしようと図るうちに依存症になっていく」

というように考えられています。

私が相談を受けている方で、年収が高くてもギャンブルにお金をつぎ込み、２年間で借金を１０００万円以上作ってしまった人もいました。仕事では成功していても、ギャンブルのせいで身を滅ぼしかねません。

ギャンブルに手を染めないように、年を取れば取るほど気をつけなくてはいけないといえます。

まとめ

「孤独」「無趣味」「退職金」心当たりある方はギャンブルに注意。

9

計画から見落としがちNo.1は家のリフォーム

一戸建て住宅でもマンションでも、住宅は年月とともに劣化していきます。新築から10～20年経つとリフォームが必要になります。

一戸建ての場合、建てた建材にもよりますが、10年～15年ごとに屋根や外壁の塗り替えが必要です。目安として100～200万円かかります。さらに30年ほどで屋根の葺き替えを行なうと200万円近くかかります。当然ながら、やらないという選択肢もなくはありませんが、メンテナンスなしではいずれ柱がやられてしまい致命傷になることもあります。

室内のリフォームでは、電気系統（給湯器など）や台所や風呂、トイレなどの水回り機器の取り換えがあります。こちらも早ければ10〜20年ごとに行ないます。サイズにもよりますが、合計で２００万円はみておくべきです。

しかし、多くはその計画を入れることを忘れてしまいがちです。**忘れずに入れておくことで、将来かかったときに困らずに済みます**。たとえば毎月３万円ずつ積み立てておけば1年で36万円、10年で３６０万円を貯めることができます。

一方、分譲マンションに住んでいれば、室外は共用部にあたるので、負担の必要はありません。ただ、その分、管理費と修繕積立金の支払いがあります。修繕積立金は物件にもよりますが、５〜10年ごとに上昇していき、老後資金にボディーブローのようにきいてくることがあるので、忘れないようにしたいものです。

室内も、専用部分の台所や風呂、トイレなどは、一戸建てと同じように自分たちで修繕しなければなりません。費用を確保しておく必要があります。

まとめ

「リフォームはしない」ではなく、しなければ住めなくなる事態にもつながる。甘く見ずにしっかり計画に入れよう。

1

60歳を過ぎたら要注意！「在職老齢年金制度」が働いた分だけ年金を減らす

70歳を過ぎても働く人が増えています。年金だけでは生活費が足りない、貯蓄を切り崩したくないなどの理由があるようです。

総務省「労働力調査（平成29年）」によると、2017年の労働力人口に占める70歳以上の人が占める割合は12・2％に達しています。

また、70～74歳の男性で就業している人の割合は34・2％、女性で就業している人

図表3　働きながら年金をもらうと減額になることも

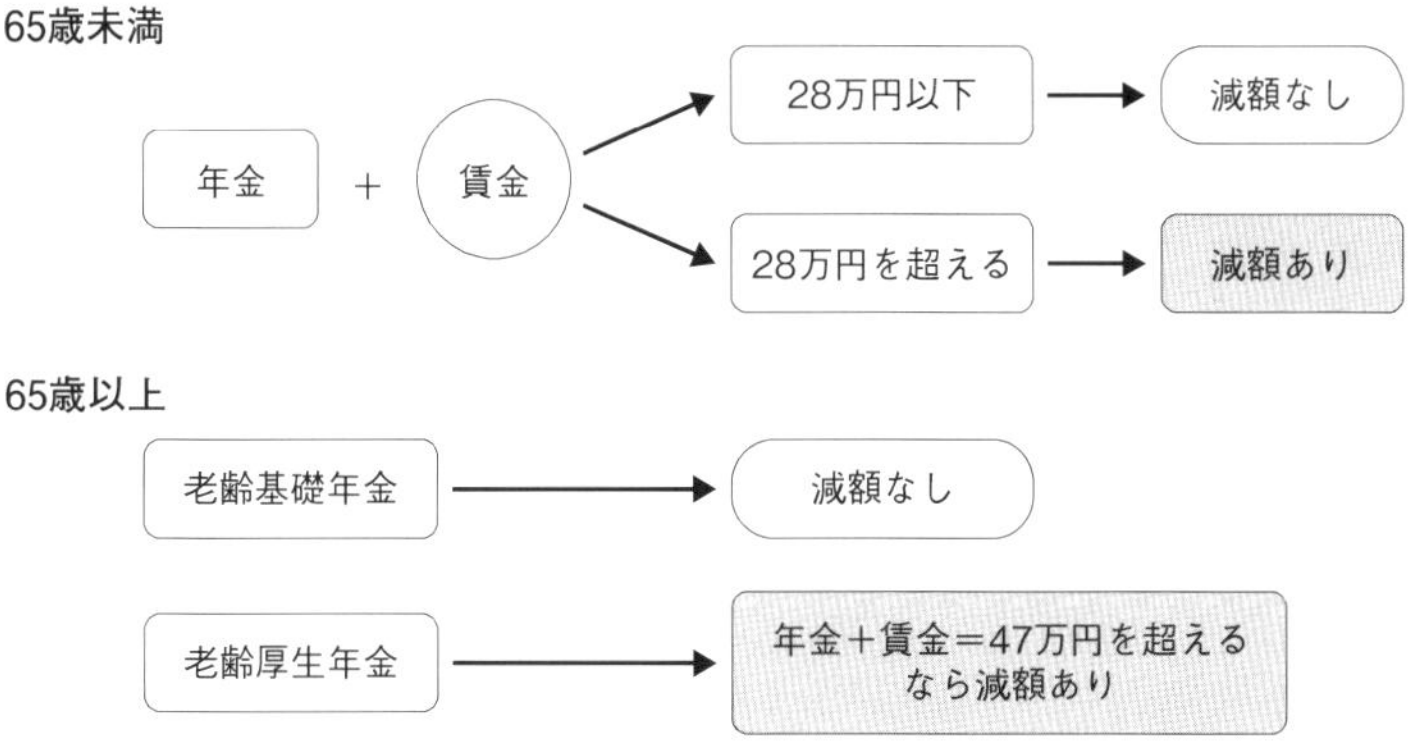

の割合は20・9％です。男性の3人に一人、女性の5人に一人が働く時代になりました。

70歳以上の人が厚生年金をもらいながら働くときに注意したいのが「在職老齢年金」です。

厚生年金保険のある会社で働いた場合、自分が支給されている厚生年金の額と、給与（賞与を月割りにした額を含む）の合計が47万円を超えると、超えた分の2分の1の額が厚生年金から減らされる制度です。

在職老齢年金は、60～64歳の人と65～69歳の人で算出方法が異なりますが、70歳以上は65～69歳と同じように算出します。

在職老齢年金で減額されるのは老齢厚生年金です。老齢基礎年金については、収入額にかかわらず減らされることはありません。フリーランスで働くなどする場合も減額されることはありません。

年金を減らされたくないなら、社員になるのではなく、業務委託（フリーランス）契約を結ぶと回避できます。

まとめ

老後もたくさん稼ぎたいなら「フリーランス」になろう。

2

週に数回、1日数時間などの働き方もある

老後のお金の不安を減らすためには、年金の他に収入を得ることが大事です。月に数万円の収入があれば、貯蓄を切り崩さなくてもよくなる場合があります。仕事を通して社会参加することで、健康を保つことができ、生きがいにもつながります。

とはいえ70歳を越えると、「フルタイムでは体がきつい」「趣味の時間も充実させたい」と考える人もいるでしょう。

そんなときの働き方として**「シルバー人材センター」に登録して働く方法がありま**

す。シルバー人材センターは原則として市区町村に1つずつあり、60歳以上の人が会員登録できます。

全国的に見ると、会員の年齢は70代の人が6割で、80代の人も1割ほどいます（公益社団法人全国シルバー人材センター事業協会「シルバー人材センター事業の概要2019」）。

会員になると、シルバー人材センターが受注した仕事を依頼されて、仕事に応じた報酬（分配金）を受け取ります。

仕事内容は、一般家庭から依頼される草取りや家事援助、企業や自治体から依頼される清掃、販売、駐車場の誘導などさまざまです。軽作業がほとんどで、これまでに身につけた専門技術を生かせる仕事もあります。

シルバー人材センターの依頼で働くのは大体、週に1～2回で1回につき数時間程度。

収入としては月に2～4万円のことが多いようです。

シルバー人材センター以外でも働く方法はあります。

たとえば外食チェーン店では、70代の人が厨房やホールなどで活躍していることがあります。スタッフが不足しがちな早朝の時間帯などは、受け入れられやすいようです。

ほかにも清掃作業、介護保険のホームヘルパー、保育園や学童保育の補助スタッフなどは、70歳以上の人を受け入れていることがあります。

知り合いに紹介してもらったり、住んでいる地域の口コミを利用したりして探してもいいでしょう。

まとめ

シルバー人材センターなどを利用して働くと、月に数万円の収入を得られることがある。

3 バリアフリーへのリフォームは介護保険を活用！

70代になると体が思うように動かなくなってきます。住み慣れた自宅で暮らしていても、だんだん住みにくさを感じるようになることが多いようです。ささいなことでケガをしてしまうことがあります。家の中のちょっとした段差でつまずいたり、階段の上り下りのときに足を滑らせて転んでしまったりすることも。それが原因で骨折し、寝たきりにつながってしまう怖れもあります。

この先もずっと自宅に住み続けるためには、手すりの取りつけや段差の解消など、家の中を住みやすくリフォームすることが必要になってきます。その際、65歳以上で要介護認定を受けて要支援1、2あるいは要介護1〜5になれば、介護保険の対象となる20万円までの住宅改修を1〜3割の自己負担で行なうことができます。つまり、20万円の工事をしても自分で払うのは2〜6万円で済むのです。

介護保険の対象となる住宅改修は次のものがあります。

〈介護保険の対象となる住宅改修工事〉

1 手すりの取りつけ

2 段差や傾斜の解消

3 滑りにくい床材・移動しやすい床材への変更

4 引き戸などへの扉の取り換え

5 和式から洋式への便器の取り換え

6 右記の工事に伴い必要となる工事

住宅改修をするときは、事前に介護保険のケアマネジャーに相談して自治体に申請を出してから行ないます。先に工事をしてしまうと介護保険の対象にならないので注意が必要です。20万円の工事費は一度に使わなくてもかまいません。必要に応じて何度かに分けて使うことが可能です。

自治体によっては、要介護認定を受けていない人を対象とした補助事業や、先ほどの1～6の工事以外の工事についても補助が出る場合があります。たとえば東京都には「住宅改修の予防給付」と「住宅設備改修給付」があります。「住宅改修の予防給付」は、65歳以上で要介護認定を受けて非該当だった人（要介護、要支援に該当しなかった人）が対象で、20万円までの1～6の工事ができます。自己負担額は都内共通ではなく市区町村によって異なります。また「住宅設備改修給付」は、都内在住で65歳以上の人なら要介護か要支援の認定を受けている人も非該当の人も利用することができます。１世帯あたり「浴槽の取り換えは37万９０００円」「流し、洗面台の取り換えは15万６０００円」「便器の洋式化は10万６０００円」が給付されます。

このように、**国や自治体の制度を利用することでリフォーム費用を抑えられることがあります。リフォームを行なう前によく調べることが大事です。**

まとめ

バリアフリーにリフォームするときは、介護保険や自治体の制度を上手に利用する。

コラム

「マネーリテラシー」って何なの？

「マネー（お金の）リテラシー（知恵）」といい、お金の「知識」だけでなくお金の知識を使える「知恵」のことを指します。お金に関する知識をつけて正しく判断できるようになっている状態を「マネーリテラシーが高い」といいます。

これにも立派な定義があります。それが、次の4つです。

1 家計管理…家計の収支を適切に管理する方法を知る
2 生活設計…人生に必要な資金を計画的に考える方法を知る
3 金融知識…経済、保険、クレジット、ローン、株式、投資などの基本を知る
4 情報収集と相談…適切なアドバイザーを選ぶ力をつける

本文中でもお伝えした通り、日本人は世界的にマネーリテラシーが低く、3だけが

マネーリテラシーの高い人だと勘違いしているケースが多いです。正しくは4つのリテラシーをバランスよく持つことが大切です。

本書では、この中の1と2を重視し、現状や価値観を数値化することが大切であるとお伝えしました。現状と今の価値観のままいった場合のシミュレーションをしてみると、いつ老後資金がなくなるかを計算することができます。それがわかると、お金の寿命を延ばすためにどうするかを考えることができます。

考えるためのツールが1と3と4になります。1のリテラシーを用いて家計を改善するのか、3のリテラシーを使って資産運用情報を集めるのか、4を用いて正しいアドバイザーをつけるのかを判断します。

1と2がなく、3や4に飛んでしまうと必要のないリスクを負うことになったり、よくない人のアドバイスにより失敗したりするかもしれません。

まずは、自分を知ることを優先的に考え、何が自分に不足しているのか知ることが一番低リスクです。

第2章

【超実践的】FPが実際にやっている正確すぎるライフプランの作り方

この章は、**老後資金の計画を綿密につけたい人に向けた内容**になっています。

少し計算も煩わしく面倒ではありますが、「ライフプラン」は本当に綿密にやるべきものなのです。

「ライフプラン」とは冒頭でもお伝えした通り、人生設計上のお金の計算のことです。これを正確につけることで、お金の寿命と対策方法がみえてきます。

「チリも積もれば山となる」

ということわざをご存じだと思いますが、ライフプランを作るとき、我々もこれをとても注意します。

たとえば、月5000円の計算の誤差が発生するだけでも、50年後のシミュレーションを立てると、300万円のずれを起こします。これが3万円もあろうものなら、1800万円もの誤差が出てしまうことになります。

ですから、本当は綿密に作っていただきたいのです。

こんな思いを持ちながら、ややこしいとは思いますが、完全マニュアルとして、ご用意しましたので、時間をかけてでも一度やってみていただきたいと思います。

ライフプランを始める前の考え方

突然ですが、質問です。

こんな状況に立たされたらあなたはどのような判断をしますか？

ある日、目を覚ましたら、あなたの車の中でした。ただ、そこはあなたがまったく知らない土地で、どこだか見当もつきません。でも、周囲を見ると日本であることはわかります。「何でこんなところにいるんだろう……」と思いながらも、怖いから家に帰りたいと思いました。あなたは、エンジンをかけてみます。エンジンは無事にかかって、ガソリンは満タンに入っていました。

次にあなたは何をしますか？

答えが出たら次に進んでください。
多くの人は、こんな答えが出るのではないでしょうか？

・カーナビをつける
・携帯電話で現在地を見る
・近くのお店など人がいそうな場所を探す
・誰かに電話をする
・自分が本当に生きているのかを確認する行動をとる
など……。

何かしらの方法で現状（私はどこにいる？　生きてる？）を把握する行動をとると思います。

次の質問です。
現状の確認を終えたあなたは、生きていて、現在地もわかりました。家族にも電話を済ませ、「今から帰るからね」と電話を切り、一刻も早く帰りたいと思いました。

質問です。

次にどのような行動をとりますか？

意見はさまざま出るかとは思いますが、「すぐに家に帰る」なら、目的地にはどのように行くのかを把握するために、カーナビを設定しますね。

カーナビの設定が終了して、車を走らせ始めたあなたは、家にはついていないことへの不安は残るものの、現状を把握できて、家への帰り方もわかった時点で安堵のため息をついているのが想像できるはずです。

「安堵のため息をつく」理由は、現状を把握できた安心感と事故などがなければ家に帰れる安心感を得たからです。

ライフプランを組むという行為は、人生のお金の今と将来を可視化することで安心を得ることなのです。あなたのお金の今を把握して、目標（老後にこんな生活をしたい！　など）を把握することでどのようなルートをたどるべきかを判断できるようになることが安堵につながるのです。

ただ、現状も将来も**的確な数字にすることが大事**になります。

たとえば、私は、東京都杉並区に住んでいますが、カーナビに東京都杉並区から大阪府大阪市と入れても、ざっくりとした場所からざっくりとした目的地への案内しかしてくれないはずです。「東京都杉並区●●1丁目1番地1」から「大阪府大阪市●●区▽▽1丁目10番地1」とピンポイントの位置を入力すれば的確な道案内をしてくれます。

ライフプランを立てることとは、**今のままの価値観で生活をしていくとどうなるのか？**　を知ることになります。

50代の方であれば、このまま生活をしていくと老後資金が何歳のときに底をつくのかがわかります。20代や30代の方はこれから子どもが生まれたり、家を買ったりするでしょう。そのときに、学費や老後を加味して、今の価値観のままいくと、いくらの家が適正なのかを知ることができます。

本章の冒頭でもお伝えしましたが、**ライフプランも細かくやればやるほど安心が見えるし、対策も考えやすい**ということです。

最後に……いえ、先にお伝えしておきます。

今の価値観のまま生活するシミュレーションをした結果、ボロボロの老後になったとしても悲観的にならないでください。ボロボロだろうとあくまでシミュレーションです。老後になってどうしようもなくなったときに気づいたらもう終わりです。今ならまだやり直せます。

ボロボロになっても、「対策を考えるための現状を知れた」だけで、今より格段と大きな安堵の中で次に何をすべきか考えていることと思います。

1

最初に、ここ一年の実績値を正しく計算する

ライフプランを立てるためにやる第一歩が、**「今までの人生の価値観」**を**数値化**することです。そのために、**これまでの実績**を思い出していただきます。いろいろと書き込みながら進めていただきますので、鉛筆やシャープペンシルなど書いても消せる筆記用具をご用意ください。

書き込むときに注意していただきたいのが、

・**できるだけ正確に**

・ありのままの数字を書き込む
・家族全員の数字を書く
・ここ一年どうだったかを書く

ことです。

次に、これらも用意してください。

・家計簿（なければ最初は感覚で書き込んでもよし！）
・記帳された預金通帳

普段家計簿をつけていない人もつけている人もやることは同じです。家計簿をつけている人は家計簿を見ながら、つけていない人はざっくりでもいいので、書き込んでみてください。

では、進めてみましょう。

【月間支出の計算】

① **毎月普通に生活をしていたらかかる家計支出**を書き出してください。誕生日月やお盆、正月、ゴールデンウィーク、バーゲンでのまとめ買いなどは考えずに、特別なことをせずにかかる費用を書いてください。

・食費 「　　」円
・水道光熱費 「　　」円
・日用品費 「　　」円
・趣味娯楽費 「　　」円
・医療費・薬代 「　　」円
・こづかい 「　　」円
・携帯電話代 「　　」円
・新聞代 「　　」円
・家賃 「　　」円
・インターネット代 「　　」円

・マンションの管理費　「　　　　　　」円
・被服費　「　　　　　　」円
・その他　「　　　　　　」円
合計額を**基本生活費合計額（A）**に書いてください。
基本生活費合計額（A）　「　　　　　　」円

②　**時が経過することで変化する月間の費用**を計算します。子どもの独立、住宅ローンの完済など、人生の途中で支払わなくなる金額と、支払いが何歳まで続くのかを書き込んでみましょう。
・住宅ローン　「　　　　　　」円「　　　　」歳まで払う
・月払いの保険料　「　　　　　　」円「　　　　」歳まで払う
・その他ローン　「　　　　　　」円「　　　　」歳まで払う
・月払いの学費※　「　　　　　　」円「　　　　」歳まで払う
時が経過することで変わる月間の費用合計額（B）　「　　　　　　」円

※将来の学費がわからない人は102ページの平均学費をご参照ください。

③　**基本生活費合計**と**時が経過することで変わる月間の費用合計額**を足し算してください。

【計算式】

基本生活費合計（A）＋**時が経過することで変わる月間の費用合計（B）**

月間支出合計額（C）「　　　　　　　　」円

【月間収入の計算】

④　毎月の手取り額（銀行口座に振り込まれている額）がいくらかを書きます。ボーナスは考慮せず毎月の収入のみ書いてください。残業代などによりぶれがある人は、平均額を書きましょう。

・夫　　　　　「　　　　　　　　」円

・妻　　　　　「　　　　　　　　」円

月間手取り合計額（D）　　　「　　　　　　　　」円

【月間貯金の計算】

⑤　**月間手取り合計額（D）**から**月間支出合計額（C）**を差し引きます。

計算結果を**月間貯金額（E）**に書き込んでください。

【計算式】

月間手取り合計額（D）－月間支出合計額（C）＝月間貯金額（E）

月間貯金額（E）「　　　　　　　　　」円

ここまでの計算で**あなたが特別なことをしなかったら貯金できる額**がわかりました。マイナスになっていても大丈夫です。いつもと違う貯金額だったとしても大丈夫です。毎月の収支の凸凹を整理するための計算方式です。

【月間以外の支出の計算】

ここでは、**突発的な支出と収入**を計算します。ここで前段までには考慮しなかった支出を洗い出します。毎月はかからないけど、特別な月や特別な買い物のときに支払う額などを洗い出していきます。これも何歳まで支払うものなのかを想定して書き込んでおきましょう。

突発的支出は、「突発基本支出」と「時が経過することで変わる突発支出」と「超突発支出」に分類します。

⑥ 突発基本支出

ここでは、老後になっても継続的に支払うであろう突発支出を洗い出します。年間でいくらかかっているか計算し、書き込んでください。

・固定資産税　「　　　　」円／年
・まとめ買い　「　　　　」円／年
・医療費・薬代　「　　　　」円／年
・自動車税　「　　　　」円／年
・車検　「　　　　」円／年　※1年あたりを書く
・冠婚葬祭費　「　　　　」円／年
・旅行代　「　　　　」円／年

・帰省　「　　　」円／年
・家電買い替え　「　　　」円／年
・プレゼント代など　「　　　」円／年
・その他　「　　　」円／年

合計額を次の欄に書き込んでください。

突発基本支出合計（F）　「　　　」円

⑦　時が経過することで変わる突発支出

ここでは、老後になると払っていないであろう支出を書き込んでおきます。人生の途中で支払わなくなるときを想定して、この支払いが何歳まで続くのかも書き込んでみましょう。

・年払いの保険料　「　　　」円／年　「　　　」歳まで払う
・年払いの学費　「　　　」円／年　「　　　」歳まで払う
・その他　「　　　」円／年　「　　　」歳まで払う

これも合計額を計算し、次の欄に書き込んでおいてください。合計額は金額だけで

ＯＫです。

時が経過することで変わる突発支出合計（G）「　　　　　　」円

⑧　**突発基本支出合計（F）と時が経過することで変わる突発支出合計（G）**を足し算してください。

【計算式】

突発基本支出合計（F）＋時が経過することで変わる突発支出合計（G）＝現在の突発的支出（H）

現在の突発的支出（H）「　　　　　　」円

⑨　**超突発支出**

ここでは、「一生払うことになるが、毎年ではない突発支出」を計算していきます。「何歳のときから起算して」「1回あたりいくらを」「何年ごとに」かかってきている（もしくは将来かかる）のかを書き出していきます。

・家具の買い替え

「　」歳から、1回あたり「　　　　」円を「　」年に一回買う

・車の買い替え

「　」歳から、1回あたり「　　　　」円を「　」年に一回買う

・リフォーム代

「　」歳から、1回あたり「　　　　」円を「　」年に一回買う

・家のメンテナンス費用

「　」歳から、1回あたり「　　　　」円を「　」年に一回買う

・その他

「　」歳から、1回あたり「　　　　」円を「　」年に一回買う

超突発支出は、合計額を計算しなくて大丈夫です。後ほどライフプランを作るときに使用します。

【月間以外の収入の計算】

⑩　1年分のボーナスなどの臨時収入（手取り）がいくらだったかを書き込む。

・夫　「　　　　」円

・妻　「　　　　　　　　」円

合計額を記入してください。

臨時収入（手取り）合計額（I）「　　　　　　　　　」円

【月間以外の収支の計算**】**

臨時収入と突発的支出の差額を計算して、ボーナスなどから貯金できている額を計算します。

⑪　**臨時収入（手取り）合計額（I）－現在の突発的支出（H）**を計算します。

突発的貯金額（J）「　　　　　　　　」円

【年間収支を計算する】

ここまでで、あなたが毎月いくら貯金できていたか、ボーナス時にはいくら貯金ができていたかがわかりました。次は、年間でいくら貯金ができていたかを計算するための作業をしていきます。

⑫ 89ページの**月間貯金額（E）を12カ月でかけてください。**

【計算式】**月間貯金額（E）×12＝一年分の月間貯金額（K）**

一年分の月間貯金額（K）「　　　　　　」円

⑬ **一年分の月間貯金額（K）**に**突発的貯金額（J）**を足し算してください。この結果があなたの家の**家計簿上の年間貯金額**です。

【計算式】

一年分の月間貯金額（K）＋突発的貯金額（J）＝家計簿上の年間貯金額（L）

家計簿上の年間貯金額（L）「　　　　　　」円

お疲れさまでした。結局、あなたは年間いくらの貯金ができたことになりましたか？

ここで、最後にその計算結果が本当に合っているのかを検算する作業を行ないます。

【家計簿の検算】

⑭　記帳された通帳をご用意ください。通帳を開き、直近の日の残高（通帳が複数ある方は、すべてを足し算してください）から、直近の日の３６５日前の残高を引いてください。

【計算式】

「最新の貯金残高－最新の日の３６５日前の残高」

この額が、あなたが**通帳からわかった直近１年間で実際にできた貯金額（Ｍ）**です。書き込んでおきましょう。

通帳からわかった直近１年間で実際にできた貯金額（Ｍ）「　　　　」円

⑮　次は、95ページで書いた**家計簿上の年間貯金額（Ｌ）**と**通帳からわかった直近１年間で実際にできた貯金額（Ｍ）**の差額を計算します。ここでは、**差額がい**

くらで、**どちらのほうが多かったか**に✓を入れましょう。

通帳の金額と家計簿の金額の差額（O）は、「　　　　　」円で、

□家計簿上の年間貯金額（L）
□通帳からわかった直近1年間で実際にできた貯金額（M）

のほうが多かった。

ここまででわかったことは、**家計簿で書いた金額と実際に使っていた金額の誤差**です。誤差が3万円以内に収まった人は、ここ一年間で超突発支出がなく生活をしていて、家計管理が十分にできていた人となります。ずれがある人は、次のいずれかに該当するはずです。

・ここ一年の間で超突発支出があった
・超突発支出はなかったけど、無意識に使われていた
・超突発支出もあったし、無意識に使っていたお金もあった

ここ1年の実績を計算する

支出		収入	
基本生活費合計（A）		月間手取り合計額（D）	
時が経過することで変わる月間の費用合計（B）			
月間支出合計額（C）＝（A）＋（B）			

突発支出		臨時収入	
突発基本支出合計（F）		臨時収入合計額（I）	
時が経過することで変わる突発支出合計（G）			
現在の突発的支出（H）＝（F）＋（G）			

月間貯金額（E）＝（D）－（C）		一年分の月間貯金額（K）＝月間貯金額（E）×12カ月	
突発的貯金額（J）＝（I）－（H）			

家計簿上の年間貯金額（L）＝（K）＋（J）		この差額はいくら？	
通帳からわかった直近1年間で実際にできた貯金額（M）			

誤差がなかった人は、ここでこの章は終了です。お疲れさまでした！
差額がないということは、家計簿と実態が正しかったことになり、これを基にライフプランを立てても、ずれが起きづらいということになります。次の章まで読み飛ばしていただいても大丈夫ですし、参考のために、そのまま読み進めていただいても大丈夫です。

残念ながら差額があった人は、次にやることがあります。ずれていた人はこのままライフプランを立ててしまうと、チリが積もるように徐々に大ずれしていってしまいますので次の作業に進みましょう。

⑯　家計簿と通帳のずれを調べます。
考え方はシンプルです。

A　92ページの⑨で書き出した超突発支出がここ一年間でありましたか？　あったと

したら、その総額を書き出してください。

「　　　　　　　　」円

B　超突発支出がない場合は、子どもの入学金や家の頭金など将来はかからないけど、ここ1年でたまたまかかった費用などを思い出してみてください。

「　　　　　　　　」円

次に、AとBの総額を**通帳の金額と家計簿の金額の差額（O）**から引き算してください。

【計算式】

通帳の金額と家計簿の金額の差額（O）－ここ一年であった大きな支出

ここまででまだ差額がある人は、その額は、**あなたが「無意識に使っていたお金」になりますので、「使途不明金」**としてメモしておきましょう。

使途不明金額（P）「　　　　　　　　」円

通帳からわかった直近1年間で実際にできた貯金額（M）のほうが多かった人で、実際に使っていなかったし、今後も使う予定はないという方は、計算した生活費が過剰だったということになりますので、メモ書きとして、**使っていなかった生活費（Q）**として書き込んでおいてください。

使っていなかった生活費（Q）「　　　　　　　」円

たまたま使っていなかっただけで使う可能性のほうが高いと思う方は、何もしないで大丈夫です。

どちらが多かった人も、考えて計算をしていくうちに金額差がなくなってきたのではないかと思います。

目安は、差額が3万円以内になればＯＫです。

平均学費はどれくらい？

小学校（公立・年間）

322,310円

中学校（年間）

公立　478,554円
私立　1,326,933円

高校（年間）

公立　450,862円
私立　1,040,168円

※出典：文部科学省「平成28年度／子供の学習費調査」

大学

国立	自宅（4年間）	524.3万円
	下宿（4年間）	812.3万円
私立文系	自宅（4年間）	668.4万円
	下宿（4年間）	933.2万円
私立理系	自宅（4年間）	809.1万円
	下宿（4年間）	1,073.9万円
私立家政・芸術・体育・保健科		
	自宅（4年間）	768.9万円
	下宿（4年間）	1,033.8万円
私立医歯系		
	自宅（6年間）	2,579.5万円
	下宿（6年間）	2,956.8万円
私立短大	自宅（2年間）	353.6万円
	下宿（2年間）	492.0万円

※出典：セールス手帖社保険FPS研究所「ライフプランデータ集／2018年版」

2

ここ一年の実績値からわかった将来の収支を計算する

本当にお疲れさまでした。とても大変だっただろうと思います。ここからは、将来シミュレーションを作るために、将来の支出額を、1年の実績値から算出します。

基本生活費合計額（A）×12カ月「　　　　　　」円

＋

突発基本支出合計／年（F）「　　　　　　」円

＋

使途不明金額／年（P）「　　　　　　　　」円

－

使っていなかった生活費（Q）「　　　　　　　」円　※通帳の支出よりも家計簿の支出が少なかった人のみ記入

＝

あなたの価値観額／年（R）「　　　　　　　」円

ここまでの計算結果でわかったことは、学費、住宅ローン、保険料の支払いを終えた後でもかかる費用です。つまり、老後も変わらずにかかるお金ということになります。便宜上、子どもが独立したらかからなくなるお金（食費やこづかいなど）の調整は計算には入れませんでしたが、細かくやりたい方は、差し引いてみてもよいでしょう。また、**住宅ローンや学費は、払い終わるタイミングが家庭によってバラバラ**です。払い**終わり次第、価値観額のみの支出が継続**することになります。

ここまでわかったら、いよいよ、あなたの老後資金が毎月いくら不足するのかを計算してみます。

3

あなたがもらえる年金
“手取り額”はいくら？

老後にもらえる年金には、国民年金に加入している人がもらえる**「老齢基礎年金」**と、厚生年金に加入している会社員や公務員が老齢基礎年金にプラスしてもらえる**「老齢厚生年金」**があります。

50歳以上の人は、誕生月に届く「ねんきん定期便」に65歳からもらえる年金受給見込み額が表示されています。これを見れば自分のおおよその年金額を把握することができます。

50歳以上の人の年金見込み受給額

50歳以上の人に送られる「ねんきん定期便」

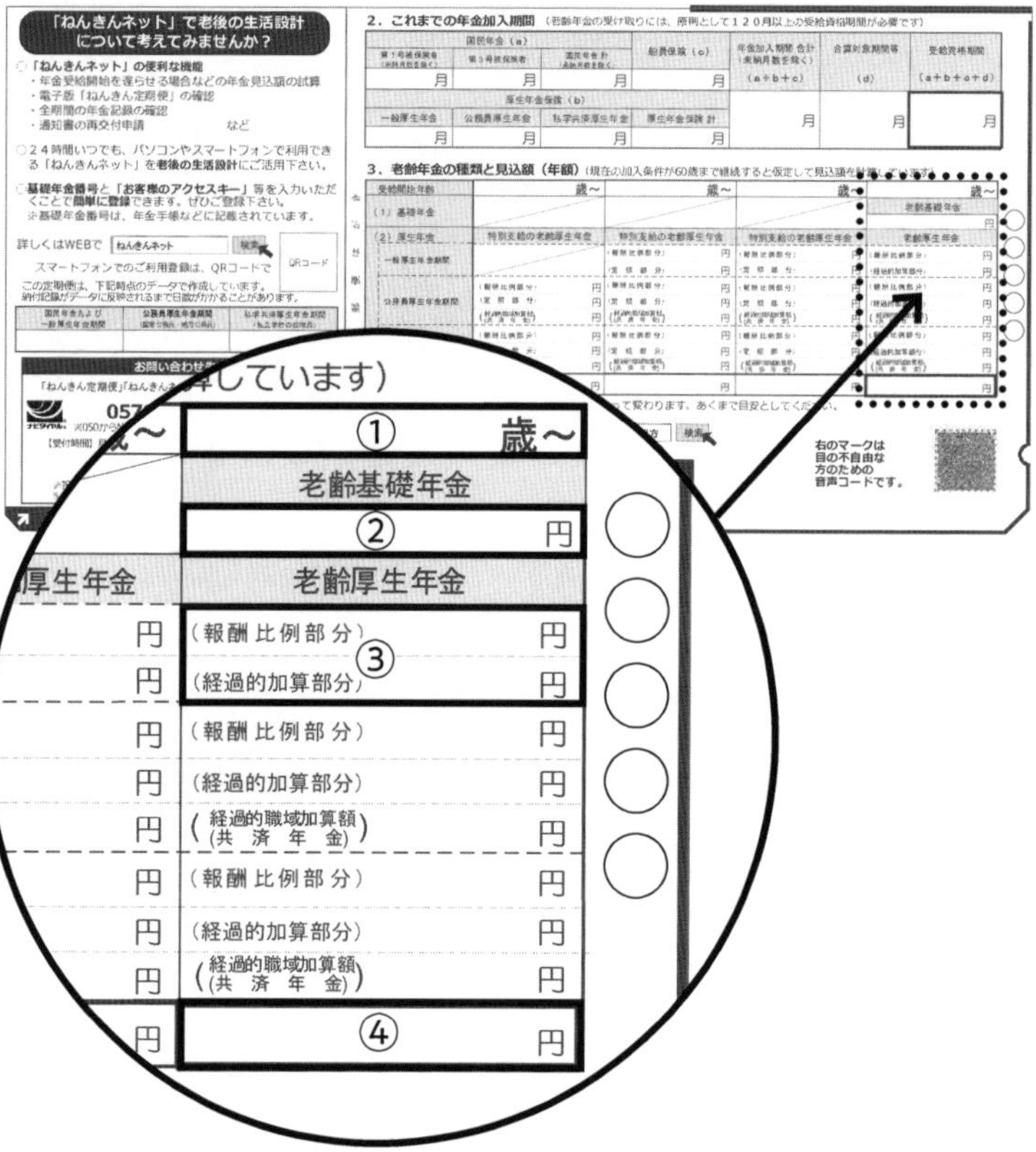

① 受給開始年齢
② 老齢基礎年金の見込み額（年額）
③ 老齢厚生年金の見込み額（年額）
④ 老齢基礎年金と老齢厚生年金の見込み額（年額）の合計

まだ年金額がわからない人は、次の計算方法でも簡単に計算することができます。

年収÷１００万円×５５００×厚生年金加入年数＋78万円

※あくまで概算を計算する方法になります。

ねんきん定期便や計算結果からわかったあなたの年金額を使って次の計算をしてください。

年金額×90％　「　　　　　　　」円

これがあなたの年金手取り額になります。

ご夫婦で年金を受け取るご家庭は、２人ともにねんきん定期便が届いているはずですので、２人分の手取り額を計算してみましょう。

あなたの家庭の年金手取り額合計／年（S）　「　　　　　　　」円

ここまでわかったら、あとは簡単、あなたの価値観額と引き算をしてみるだけで不足額がわかってきます。

4

ついにわかる！あなたの老後資金の寿命と必要額

いよいよ、あなたの老後資金の実情が見えそうになってきました。
結果を見て落胆する人もいれば安堵の表情を浮かべる人もいるでしょう。
さあ、始めましょう。

① まずは、わかりやすくするために、超突発支出、まだ残っている学費、住宅ローン、退職金などを加味せずに、あなたの価値観だけで必要な「基本老後必要資金」を計算します。

「あなたの家庭の年金手取り額合計／年（S）－あなたの価値観額／年（R）」

この結果がマイナス（－）になった人は、老後に毎年この額を貯金から削ることになるということです。この数字を12で割ると、月々足りない額がわかります。

計算例：年金手取額が２００万円、価値観額が３００万円だった場合は、２００万円－３００万円＝マイナス１００万円（÷12＝8万３３３３円）が毎年（毎月）貯金から削られることになります。

計算結果を書いておきましょう。

年間で不足する老後資金額（T）「　　　　　　　」円

次に、あなたに必要な老後資金額を計算していきます。

ここでは、65歳から１００歳までを想定して、その間にかかる費用すべてを計算に入れていきます。

【計算式】

基本必要老後資金額（U）＝

年間で不足する老後資金額（T）×35年（※100歳－65歳）

この計算でわかることは、あなたが100歳まで生きる想定で、**超突発支出などをかけずに「普通に生活」**をした場合の必要老後資金額です。65歳まで生きた女性のうち2人にひとりは90歳まで生きます。そのため、読者が男性でも女性でも、女性が長生きするという前提で、余裕を持って計算することをおすすめします。

② 92ページの超突発支出の合計額を計算していきます。

やり方は、65歳から100歳までの間に総額でどれくらいかかるかを計算していきます。たとえば、

家のメンテナンス費用

「70」歳から、1回あたり「200万」円を「15」年に一回買う

と記入した人は、100歳までの間に2回支払う機会が訪れることになりますので、

200万円×2回＝400万円

このように計算します。

それぞれの総額を足し算すると、**超突発的支出総額（V）**がわかります。

これも書き込んでおきましょう。

超突発的支出総額（V）　「　　　　　　」円

ここまでの計算で、「今の価値観のまま生活して」かつ「超突発支出も加味した」老後資金を計算することができました。

【計算式】
基本と突発を加味した必要老後資金（W）＝基本必要老後資金額（U）＋超突発的支出総額（V）

これも書き込んでおきましょう。
基本と突発を加味した必要老後資金（W）　「　　　　　」円

③　次に、忘れてはいけないのが、住宅ローンや学費などで65歳を超えても支出しなければならないものがあるケースです。ここでは、わかりやすくするために、退職金やこれから定年までにできる貯金額から必要な費用を差し引く計算をします。

【手順】
もらえるであろう退職金想定額を記入してください。
退職金額　「　　　　　」円

65歳以降にかかる学費総額を記入してください。

65歳時点での学費残高　「　　　　　　　　」円

住宅ローンが65歳以降も残る方は、銀行から届いている「住宅ローン償還表」を参考にして、65歳時点の残高を記入してください。

65歳時点での住宅ローン残高　　「　　　　　　　　」円

次に、この計算をしてください。

【計算式】

学費や住宅ローン残高を加味した必要老後資金＝
退職金額－65歳時点での学費残高－65歳時点での住宅ローン残高

これも記入しておきましょう。

学費や住宅ローン残高を加味した必要老後資金（X）「　　　　　」円

この計算によって「退職金をもらってもなお足りない老後資金」が計算できます。これがプラス（＋）になった人は、貯めなければならない老後資金が少し楽になる計算になりますが、マイナス（－）だった人は、頑張って老後資金を貯金しなければならないということになります。

④　いよいよ、あなたに必要な老後資金を計算するところまでやってきました。

【計算式】

基本と突発を加味した必要老後資金（W）「　　　　　」円

－

学費や住宅ローン残高を加味した必要老後資金（X）

＝

あなたの必要老後資金（Y）

ここまでで、65歳時点であなたに必要な老後資金額がわかりました。

どうでしたか？　ここまでで見えてきた結果が、あなたの「現在地（現状）」となります。

現状を把握することで、見えることがたくさんあったかと思います。

これだけでかなりの安心を得た人も多くいるのではないかと思います。まだ課題が残り、逆に不安を感じた人もいると思います。

どちらにせよ、老後を迎える前に将来が見えてきたことに喜びましょう。

課題があった人はこの後に解決策を事例とともにお知らせします。

よい結果にならなかった人は、もう一度言いますが、**ここで悲観的にならず、次の章へ進んでください！**

5

こうすれば全然大丈夫！老後資金不足一発解決法！

ここから、あなたの計画を立てていきます。結果が悪かった人は暗澹としているか、もしかするともうこの本を捨てているかもしれません。でも、そうなるにはまだ早いです。ここからがクライマックスです。

先に、希望のある話をします。

希望のある話1

今から定年までに貯金できる額がいくらか計算してみましょう。仮に50歳の方で年間100万円貯金できるなら、60歳までに1000万円貯まります。

希望のある話2

少しの家計改善で、老後資金は大幅に減ります。たとえば、月1万円価値観を下げても大丈夫な方は、420万円（1万円×12カ月×35年）を**あなたの必要老後資金（Y）**から差し引いてよいのです。2万円できるなら840万円、3万円できるなら1260万円です。ついでに、仮に50歳の人が今日から価値観を1万円変えることができるなら、これから10年間で120万円多く貯めることができる計算になります。

希望のある話3

リスクが少ない資産運用をするだけでもお金は十分に増えます。

1000万円を持っていたとしたら、それを10年間1％で運用するだけでも100万円増えます。

毎月5万円を10年間積み立てしながら1％で運用したら31万円増えます。

1％の運用は、今は金利が低いですが、安定的な運用で増やせる額です。

次の章では、希望のある話を実現してきた実際の例を持って説明していきたいと思います。

6

実際の相談事例からのお手本改善集

貯金額÷（生活費－年金額）＝預金で暮らせる年数

【計算例】Ａさんの場合は住宅ローンを退職金の一部で返済。銀行預金と退職金を合わせると預金額は１２００万円。１カ月の生活費は２人で28万円ほど。もらえる１カ月の年金額は約23万円の予定です。将来の年金額を知りたいときは、１０５ページで紹介している「ねんきん定期便」や計算式を使えば、１年間に受給予定の金額を知ることができます。税金と社会保険料を引いた年金額が生活費になります。

図表4　年代別にみた資産運用商品保有額の種類別構成比

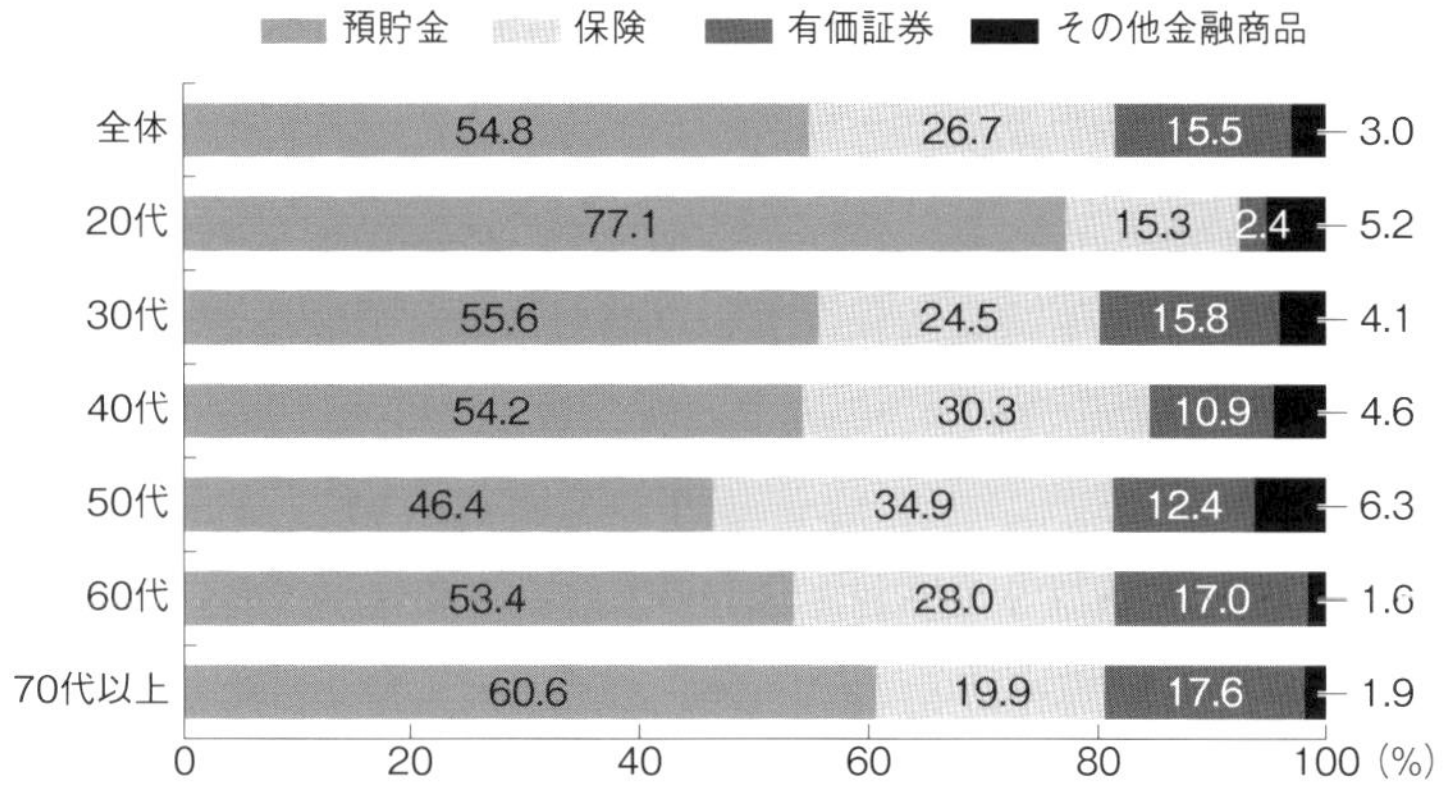

※出典：金融広報中央委員会「家計の金融行動に関する世論調査」[2人以上調査]（2018年）を基に作成

図表5　全国平均老後生活費

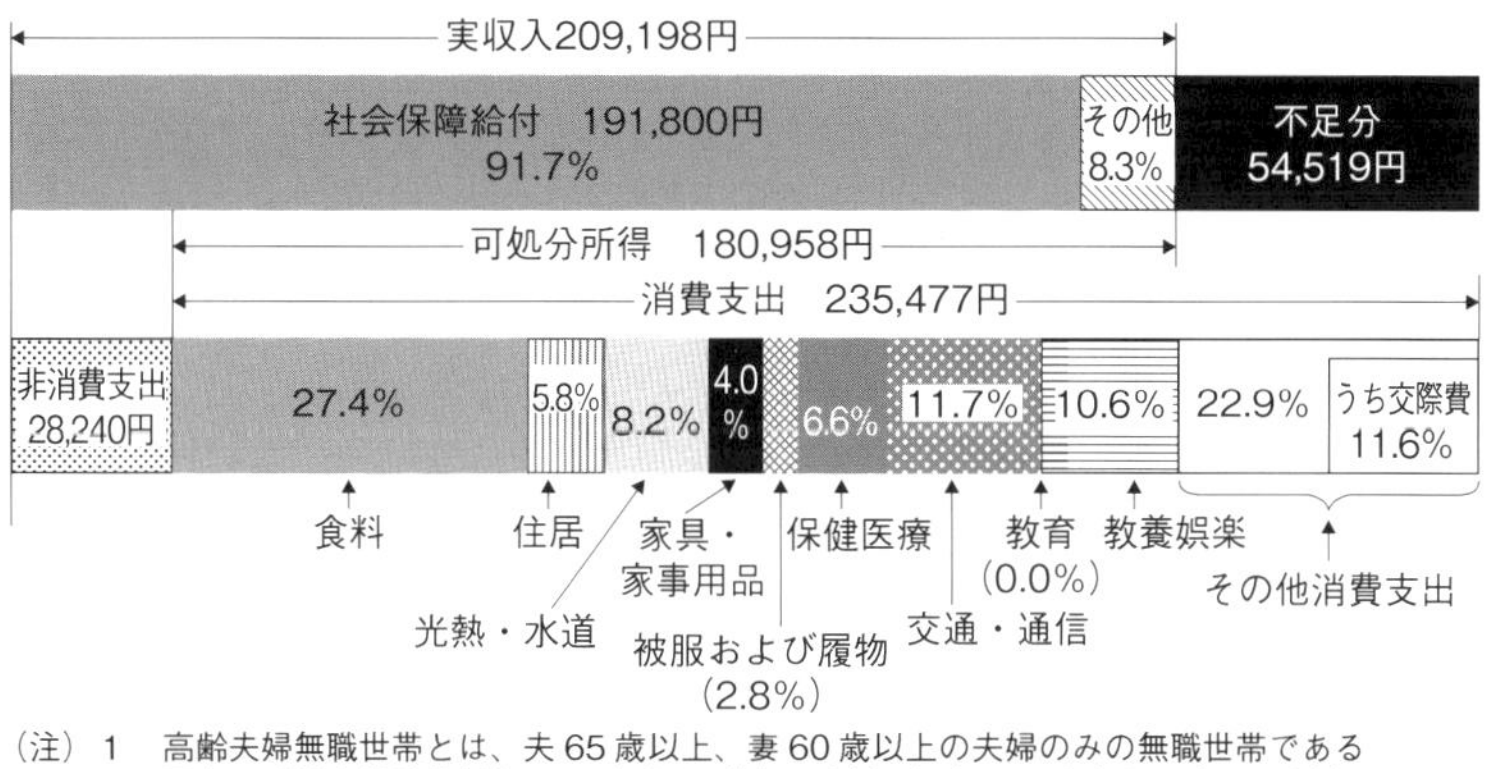

（注）1　高齢夫婦無職世帯とは、夫65歳以上、妻60歳以上の夫婦のみの無職世帯である
2　図中の「社会保障給付」および「その他」の割合（%）は、実収入に占める割合である
3　図中の「食料」から「その他の消費支出」までの割合（%）は、消費支出に占める割合である

※出典：総務省「家計調査報告（家計収支編）平成29年（2017年）平均速報結果の概要」を基に作成

1200万円÷（28万円−23万円）＝240（カ月）：20年

算出した金額で「何歳まで、今の生活を維持できるか」がわかります。もし考えていた年齢よりも早くお金が足りなくなる場合は、預金を増やさなくてはいけません。収入と支出についてもう一度、夫婦や家族で話し合う必要があります。一方、お金に余裕がある場合は、旅行や趣味にお金を使い、今よりも生活を楽しむことができます。

お金の問題は、夫だけ、妻だけが不安に思っていても改善にはつながりません。夫婦で一緒に取り組む問題です。**「このままでは預金が早く底をついてしまう」「生活費を見直したい」など、老後のお金について問題点があれば、早めに夫婦で改善策を話し合いましょう。**明確になれば将来に対するお金の不安が払拭できます。

まとめ

老後資金がいくら必要になるかを認識できれば、50代から老後資金を貯めることで不安を解消できる。

第3章

【実例】
実際の相談事例でFPが作ったシミュレーションと改善策を公開

ここまで計算はできたけど、ここでどうすればいいの？

という疑問にお答えするために、事例をもって改善例を解説していきたいと思います。

これからご紹介するのは、私たちのもとに訪れた相談者の内容を匿名で公開しています。これまでに考えたライフプランと悩みに合わせて、読み進めていただければと思います。ライフプランをよりきれいに作るにはどうするべきか、どのように改善すればよいかのヒントに使っていただけると幸いです。

1 60代夫婦、関西から関東へ引っ越し。一番よいライフプラン計画は？

相談者　家族構成、年収や預貯金

本人（60歳、契約社員、年収５００万円）
妻（53歳、パート、年収１００万円）

子どもは独立している

貯金額250万円＋実家を売却したお金1100万円

相談内容

大阪から関東に引っ越しを考えているご夫婦。関東が終の住処になるかもしれないので、自宅の購入を検討していました。夫の両親が他界し、その後に相続で得た家を売却した資金1100万円と夫婦の現在の預貯金250万円があります。住宅購入のための総予算を1100万円でと考えていましたが、せっかくの終の住処は少しくらいよくしたいという思いがありました。

1000万円で買える物件がまったくなかったわけではありませんが、築年数が古すぎて、これなら賃貸のほうがマシ……。何かよい方法はないのだろうか？　と思って相談に訪れました。

相談内容について私からのアドバイス

① 銀行がいくらの住宅ローンを貸してくれるのかを知ること。

② 並行して、借り入れても苦しくならない上限額はいくらかを知ること。
③ 住みたいエリアを決定することで、エリアの相場、分譲と賃貸の相場を知ること。

取り巻く環境（借りられる住宅ローン額、将来の家計、住みたいエリアの値段）を知ることで、気持ちの整理がしやすくなります。

住みたいところに住むために食費などの家計費を削ることを優先することを価値観とする人もいれば、他の支出を優先して家を安くすることを優先する価値観を持っている人もいます。

数字を見てから気持ちの整理をすることが大事です。

相談内容についてわかったこと

① お金を借りられるのは2０００万円でした。
② ご主人は、70歳まで働くことができる職種であり、病気になっても比較的継続しやすい仕事で、病気になったとしても仕事を失うリスクが少ないことがわかりま

した。ただし、不測のケースを想定し、収入は68歳で打ち切る試算をして、家を購入する場合は、総額１７００万円以内で抑えたほうがいいことがわかりました。

③妻の実家が横浜にあります。検討地域は、横浜に近いエリア、夫の勤務先が川崎になるため、両方へのアクセス圏内で検討することに。周辺の価格は、築浅は４０００万円と高すぎますので、築年数を古くすれば、１０００万～２０００万円の物件もありますが、とても古く汚い……。そこで、②で予算の上限が１７００万円まで上がったことがわかりましたので、築が古い物件を見つけて、好きなようにリノベーションすることを提案しました。

結果、見つかった物件は築45年。ですが、室内を好きなようにリノベーションした場合、物件価格は、９００万円＋リノベーション７００万円となり予算内。リノベーションを利用すれば、築浅のマンションなどを探さなくても中身は新築の快適な住まい方ができることがわかりました。周辺で、２人が賃貸マンションで住む広さの物件を探す場合は、月々の賃貸料が８万円以上は最低限必要だったため、１００歳まで生きる前提で考えれば、家賃だけで３５００万円以上の支出をすることになります。よって、古い物件でもリノベーションで自分の価値観に合った住まい方を、しかも安くできることが大きかったです。

購入したマンションは古い物件でしたが、弊社の不動産部が調査した結果、管理状態も良好で、リノベーションをすれば、快適に生活が送れると判断しました。予算上、賃貸であれば生活費を5万円以下に抑えないと年金受給で生活することは難しいという試算結果になりました。

「数字で比較できた」ことで60歳を過ぎてから79歳までローンを組むことへの恐怖よりも、賃貸に住み続けることへの数字と気持ちのマイナスのほうが大きいことがわかった相談事例でした。

また、妻が親の実家を妹と相続できることになりました。試算の結果、夫婦に介護が必要になったとしても、十分な生活費を確保できる状態だということがわかり、マンションを購入したほうがよいという結論に至りました。※

※介護、相続、売却分はシミュレーション上では計算に入れていません。

賃貸に住んだ場合

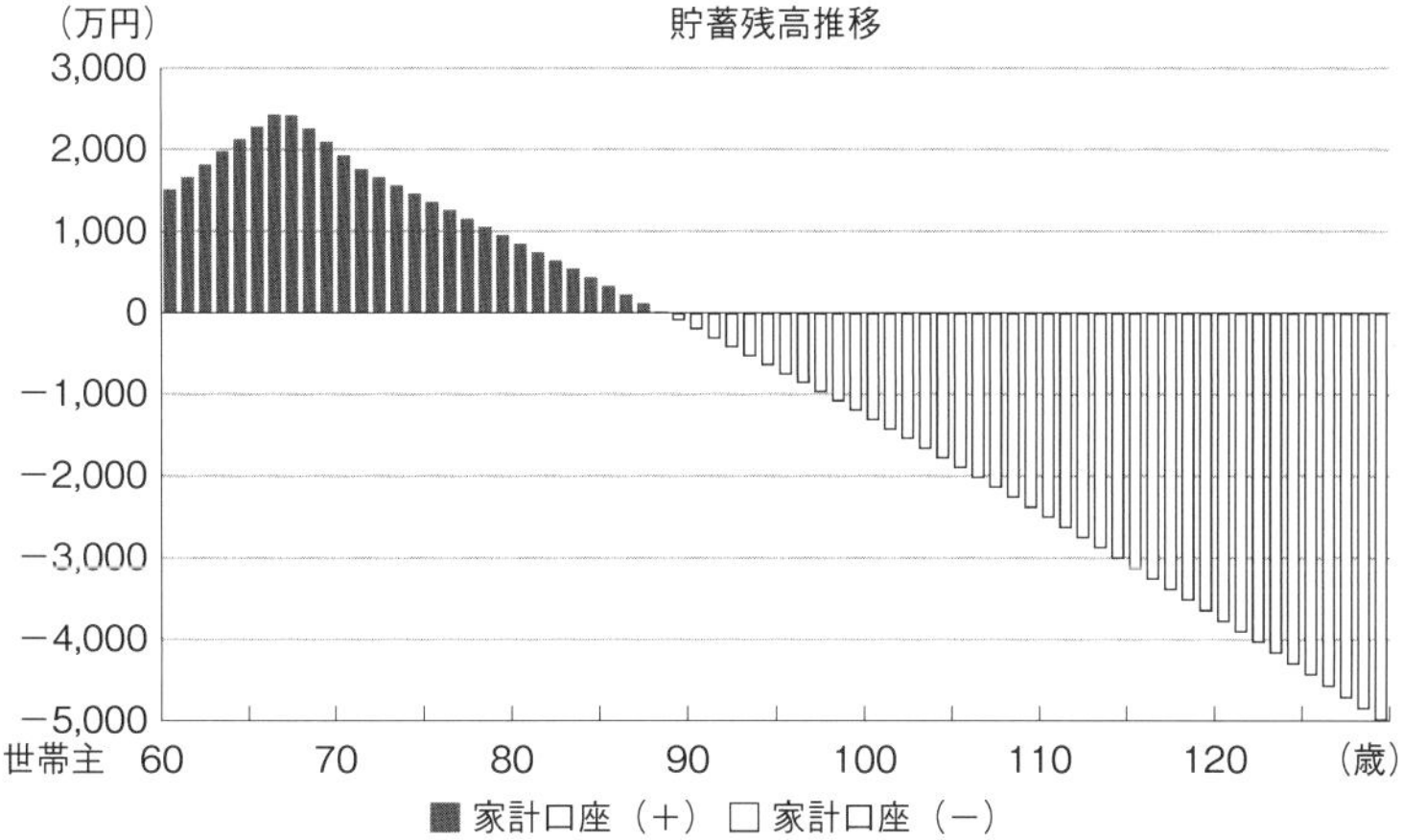

購入した場合

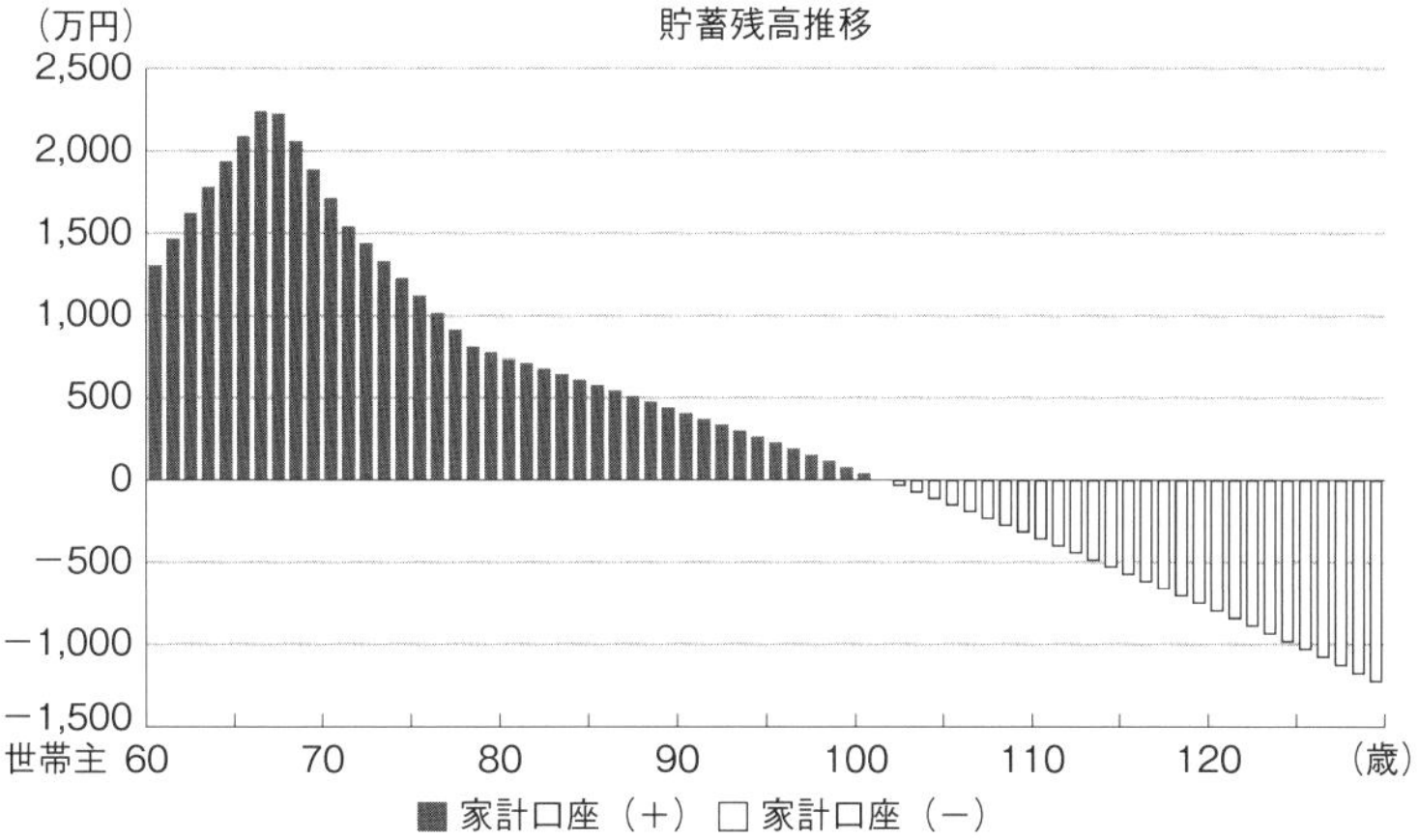

2 50代、一人で老後を暮らすことを決めた女性のマイホーム購入と将来設計の相談事例

相談者　家族構成、年収や預貯金

本人（51歳、大学勤務、年収760万円）
貯金額1500万円

相談内容

住みたいマンションが見つかったが、マンションの金額が3490万円。マンション購入金額が妥当かどうか分析してほしい、購入した場合の返済の計画も綿密に立てたいとの相談でした。貯金はこれまでにコツコツ貯めたお金がありましたが、不動産会社から提示されている金額を頭金で出すと、預金はすべてなくなります。そのため、一人の老後が不安になっているようでした。本当にマンションを購入してよいの

か、迷っている様子。働いているのは大学ですが、本人は大学には行っていないため、退職したら自分は大学を卒業したいという夢があるようです。夢実現と現実をはっきりさせたいという相談でした。

相談内容について私からのアドバイス

① 価格が適正か判断するためにライフプランを綿密に作ること。
② すでに、住宅ローンは物件価格分を借りられることがわかっていた。全額を借りることで年間収支がいくらになるのかを知ること。
③ 国からの補助（住宅ローン減税）をどのようにもらうことが一番トクかを知ること。
④ 大学などの夢を現実にするために、この先どのようにお金を増やすことが自分に合うのかを知ること。

相談内容についてわかったこと

① ライフプランを作った結果、このままの価値観で３４９０万円のマンションを購

入したら、91歳でお金が尽きることが判明。ただ、月1万円だけでも生活費を家に充てることができればお金の寿命は１００歳まで続くと提案したところ、ご本人の感覚としても、問題がないことがわかりました。ここが大事なポイントで、1万円が厳しい人にとっては買ってはいけない物件であることがわかります。ただ、結果として、「1万円程度なら」と思えたことが大きかったのです。

② ３４９０万円を借りると月返済額が11万円7千円でした。家計簿と照らし合わせて、貯金できる額は減るものの、問題がないことがわかりました。また、大きな頭金を入れることで手元資金がなくなってしまうことへの不安が大きいこともあり、全額借りることに決めました。

③ ②の判断に加え、ローンを全額借りるほうが国からもらえる金額が大きいことがわかりました。これが後押しになり、全額借りる方針になりました。

④ 60歳になったら、大学に行きたいという考えから「その他」項目に大学の費用を加算。結果、10年後に行くことになるため、これからは手持ちの資金とこれから貯金するお金をゆっくり、かつ少しだけの利息（1～1・5%）をつけるだけで、リスクを負わない形で増やすことを提案しました。結論として、頭金に入れ

頭金を入れた場合

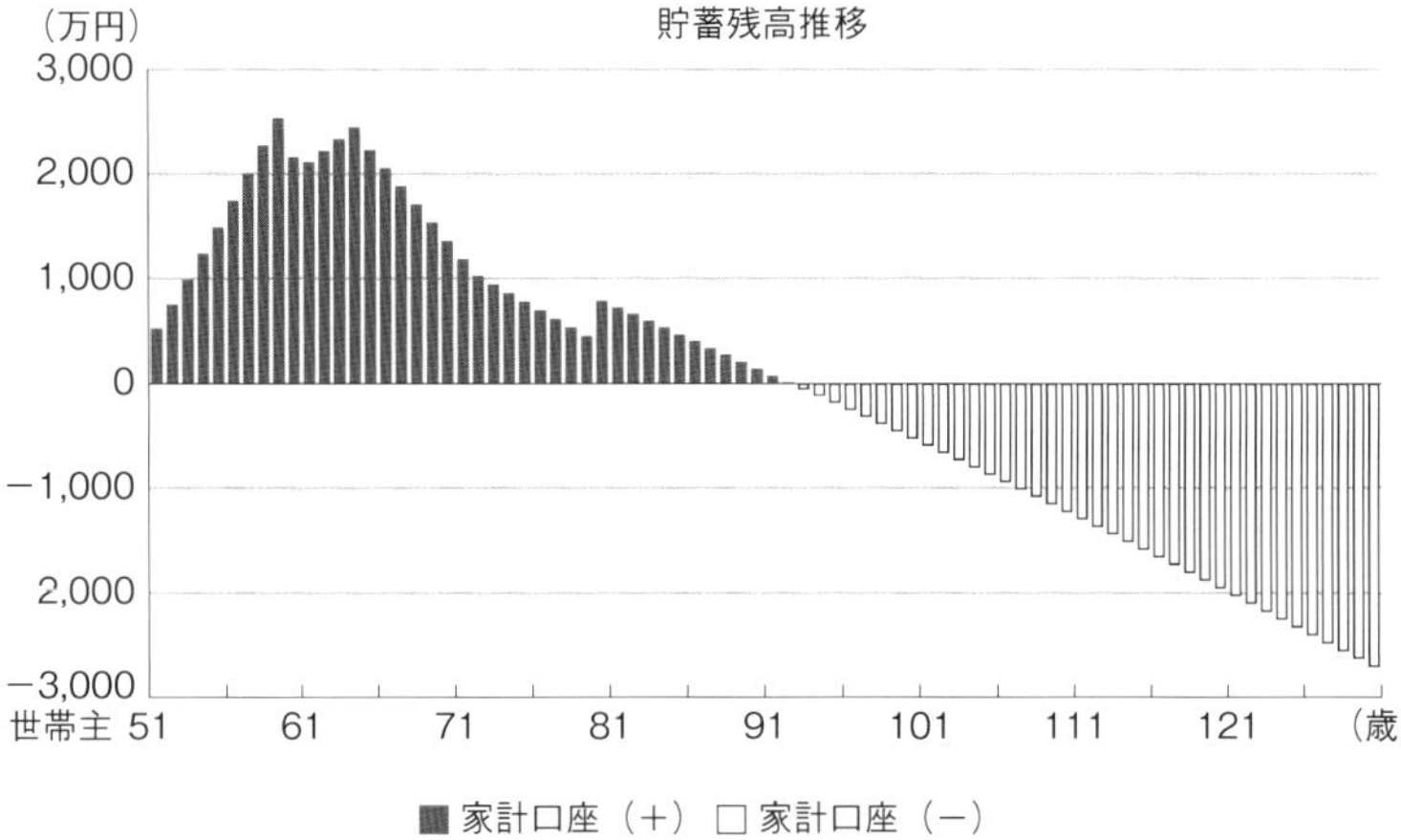

頭金を入れず運用と減税を受ける

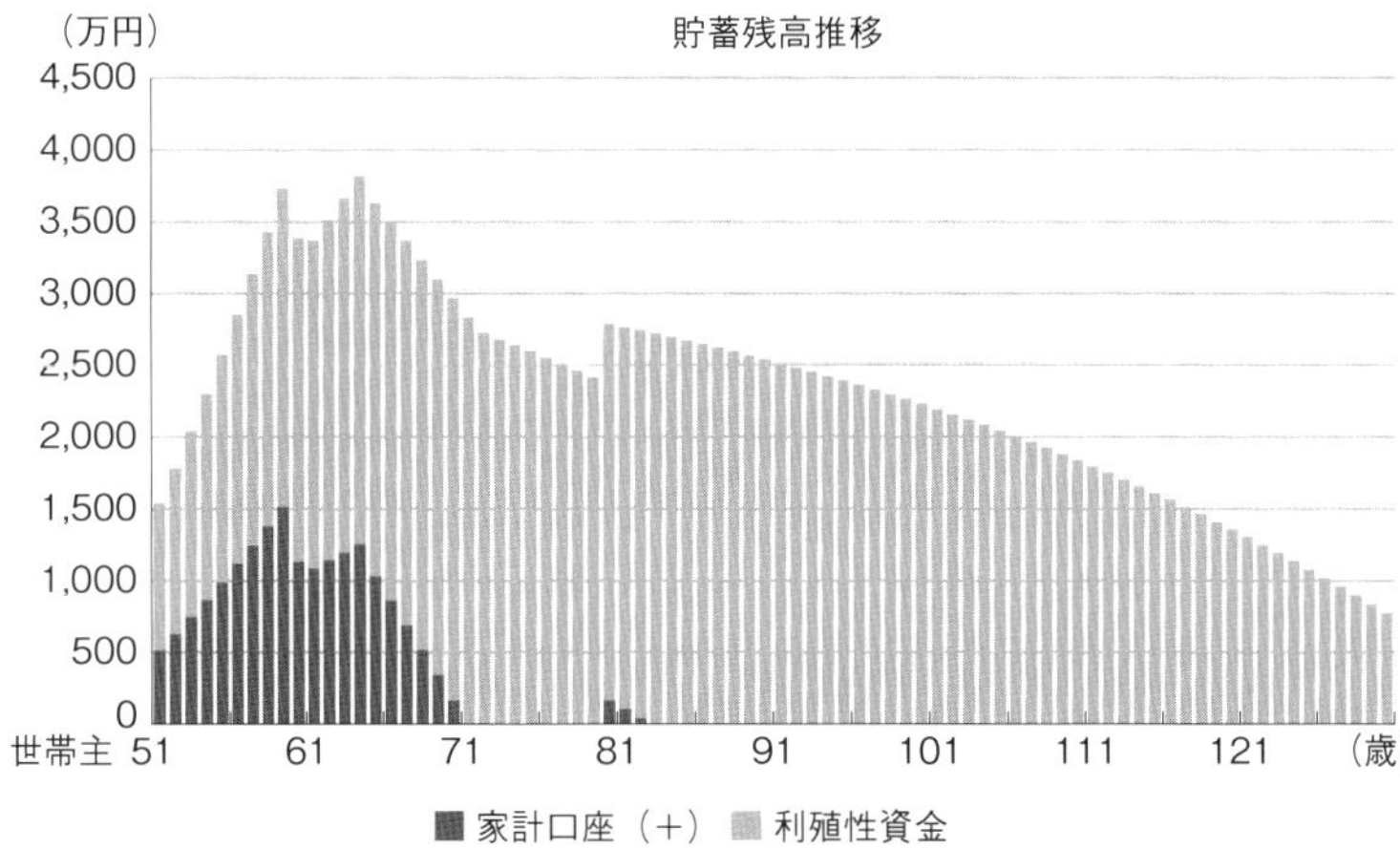

るはずだった１０００万円とこれから貯金していくお金の半分に１・５％をつけてあげることで、安定的に10年後には２３０万円増える計算となりました。このお金を使って学費を払うこともできますし、残ったお金は老後資金として運用し続けることもできるため、お金の寿命がかなり改善されました。

3 40代ＩＴ企業勤務共働き夫婦が老後に備えて資産運用を考える

相談者　家族構成、年収や預貯金

本人（41歳、ＩＴ企業正社員、年収４６０万円）
妻（45歳、ＩＴ企業勤務、年収２２０万円）
子（８歳）
貯金額１０４２万円

相談内容

私のセミナーに参加した方です。これまで資産運用をしたことがありません。確定拠出年金も会社でやっているが、いまいちわかっていない。ただ、漠然と将来のことが不安に感じ、どのように資産運用をしていけば安心な老後プランが出来上がるのかを知りたいとのこと。

以前に、保険会社職員とライフプランを組んだことがあるが、セミナーを聞いて自身のものはかなりざっくりしていたことがわかった。また、話題にもなっていたNISAの運用についても検討し、正しいプランを作りたい。

相談内容について私からのアドバイス

① 正しく資産運用を始めるには、まず、自分には何%の利回りが必要かを知る必要がある。そのやり方は、ライフプランを正確に立てて価値観をはっきりさせること。

② 資産運用の方程式は、「貯蓄×利率×時間」。今から定年までの間にどれくらいの貯金（貯蓄）ができるのか？　その期間が何年あるのか（時間）がわかれ

ば、利率を逆算するだけです。利率は高く設定しすぎると不安定なライフプランが出来上がってしまいます。

③ そのために、まず、1年分の家計簿を整理して、将来かかる費用や収入をシミュレーションする土台作りをすることに。初回相談で家計簿を書いてもらったのですが、このご家庭は、家計がとてもあやふやだったため、書いた家計簿通りに生活ができるかを検証するために、3カ月間観察をしてもらうことにしました。

④ 並行して、退職金をいくら得られるか調べてみること。会社の制度で60～65歳の収入がいくらになるのかも調べてほしいと伝えました。

相談内容についてわかったこと

3カ月後にもう一度お会いして、初回相談時に書いた家計簿通りに〝無理なく〟実行できたかどうかを尋ねました。その結果、大幅なずれはなく、年間生活費が社会保障・税金込みで670万円程度であることが判明。退職金は1000万円程度もらえることもわかったのです。さらに、60～65歳の収入は、59歳時点の収入の約40％にな

インフレリスク回避せず

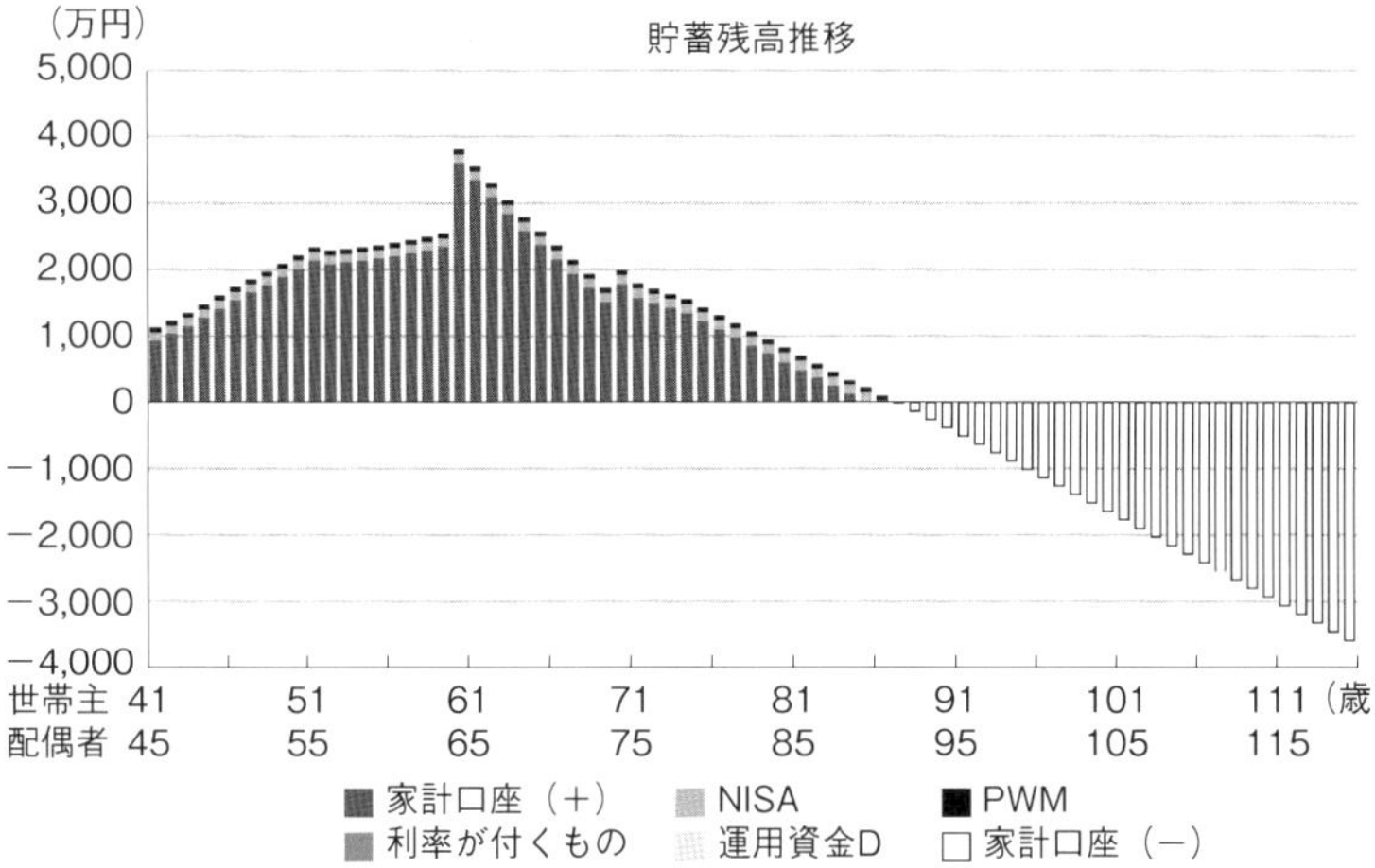

インフレリスク回避

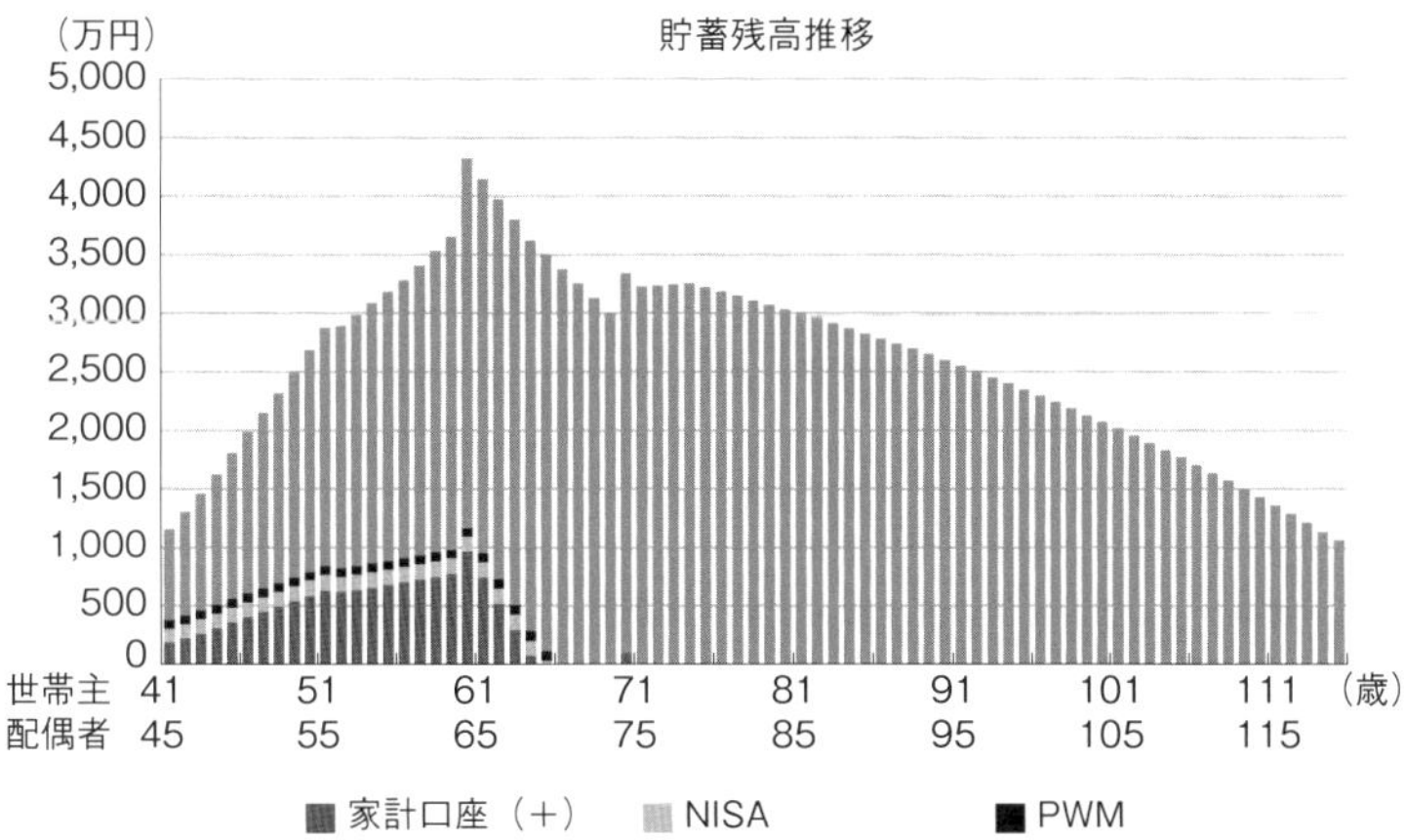

ることもわかりました。

　ライフプランを作ってみた結果、共働きであったことが功を奏し、厚生年金の世帯収入が比較的高く、住宅ローンを完済する71歳以降は、年間80万円程度の赤字で収まります。預貯金などお金の寿命は99歳まで持つことがわかり、老後不安はあまりないことがわかりました。そのため、〝増やすための資産運用〟をするよりも、〝リスクから守る資産運用〟の運用方針を策定することになりました。

　この先、起きるリスクとして、心配されるのは「インフレ（物価上昇）」と「介護」です。インフレリスクに耐えることができる資産を作り、老後の介護リスクに備えるお金の残し方を提案しました。インフレ対策は、投資信託などの中でも、外国債券や不動産などインフレ対策にはなるが、変動リスクを抑えやすい商品でやることをお伝えしました。

第4章

誰にでもできる!
老後を豊かにする
ココロの持ち方

これまで、価値観を定めて、老後資金を計算する方法と解決事例を説明させていただきました。本一冊ですべてが解決するほど簡単ではありませんが、及第点程度にはご理解いただけたのではないかと思います。

家計簿を書いたり、ライフプランを作ったりしてみて、わかったことがあれば十分です。ここからは、正しいココロの持ち方と正しくないココロの持ち方を事例とともに説明していきます。

1

老後資金の「トレードオフ」とは？

トレードオフとは、「目的に向けて、一方を立てれば他方がまずくなるといった、二つの仕方・在り方の間の関係」を意味します。つまり、「現役でたくさんお金を使うと、一方で、老後が大変になる」「老後を楽しみたいと思うと、一方で、現役生活が苦しくなる」という考え方をトレードオフといいます。

大事な考え方は、トレードオフは100：0で考えなくてもよいということです。「ほどよい老後とそこそこの現役生活」といったように、老後と現役のバランスを考えて貯蓄計画、セカンドライフを考えることが大事になります。

現実では、定年後の収入が下がるのはわかっています。平均的には、**夫婦2人の1カ月にもらえる年金額は22万円ほど。支給される年金額の範囲内で生活することを選択すれば、現役生活でたくさんのお金を使ってよしですが、毎月10万円多く使いたいと思えば、年間120万円、100歳までに4200万円かかる計算になります。**

これから65歳までの間に貯金できる額はいくらなのか？　退職金はいくらなのか？を計算し、十分な金額が貯まることがわかっているようであれば、老後は存分にお金を使ってください。

貯まりづらい結果になっているようであれば、貯金計画を立てるか、節約をしてください。これは、出た結果によって判断は変わると思います。

このようなことを考えるにあたり、「本当にその価値観はあなたにとって正しいものなのか？」を問うてみることです。そのヒントになりやすいのが、世代によるお金の使い方の違いです。今の20〜30代の人たちはバブル時代を経験していない、デフレ時代で育った人たちです。食事にしても、チェーン店の牛丼に親しんできたため、食の楽しみ方が50代より安いです。物欲もやはり小さく、服はブランド品でなくても十分だと思っています。50代の中でも、似たような感覚をお持ちの方とそうでない方でお金の使い方は違います。

バブル時代を経験している50代のサラリーパーソンは、統計的には、20〜30代と比べ、一つひとつの買い物の金額が少しずつ高い傾向にあります。会社に安い社員食堂があっても、飲み物付き1000円のランチに出費したり、100円ショップで売っているものを信用しなかったり、さまざまな理由があるようです。一つひとつの積み重ねを、少し視点を変えるだけでも貯金は増えます。50歳の人が100歳までの間、不要なのに、高く買ってしまっているものを安くできて、生活はほぼ変わらず5000円減らすことができるだけでも、300万円の差が出ます。また、男性は

「世間体」を気にする生き物です。

それを「単なる見栄だ」と一度、自身を戒めてみて、再考するなんていう方法もありかと思います。

これまでそんな暮らし方をしてこなかった方は、苦痛を感じるかもしれません。ただ、テレビなどでもよく見る「体重が重い人が一念発起して30kg減！」なんていうことも、最初は苦しいですが、運動や改めた食生活に慣れるところまでくれば、それが当たり前になり、価値観と化するのです。

価値観というものは、これまでともに連れ添った夫婦でさえも違いますし、結婚してから変化していった価値観もたくさんあります。

改めて、家計簿を見ながら自分の価値観をダイエットさせるのも、一つの方法です。

まとめ

家計簿を見ながら自分の価値観をダイエットさせる。

2

失敗例からみる、老後を気楽に考えすぎた人

家計は、一辺倒に、やりたいことを我慢するのではなく、お金を使うときは将来と今を知りながら、計画を軸に進めていくことが第一であることはここまででおわかりいただけたかと思います。

自分がどんな老後を送りたいのかを考えて、有意義な生活を送るためには、今、どんな課題があるのかを知ることが大事なのです。現状を把握して、自分の価値観をはっきりさせること！

とはいうものの、そうこうしているうちに老後を迎えてしまった人もたくさんいます。実際に、お金の相談に来た人が〝老後に焦った〟こととは、どんなことだったのか、まとめてみました。

① 実際にかかる費用を知らなくて、老後になって焦る

若いときに見逃しがちな老後支出は、介護、リフォーム、住み替えです。実際にあった事例は、若いときには駅から遠い戸建てに住んでいても、駅まで歩くのは余裕でした。70代になり、駅から遠く、階段の上り下りがきつい戸建てで生活することがつらくなり、買い替えてマンションに住みたいと思っても、お金が足りず我慢の生活をしているという方がいました。

一方、少々無理して買い替えてマンションに住んだが、妻が介護老人ホームに入ることになり二重生活を強いられた結果、老後資金が早い段階で底をつき始め、結局、買ったばかりのマンションを売らなければならなくなってしまったなんて人も。今は大丈夫だったとしても、未然に、将来なりそうなことをイメージして価値観を定めておくことも大事です。

② 生活費の支出が思ったよりも多いことに気づく

老後の生活では、食費や光熱費、日用品費のほかに医療費の占める割合も増えてきます。現役生活で身につけてしまった支出を、定年後、年金生活に入ってからいきなり減らすのは難しいことです。価値観を正しく把握し、計画を立てるだけで大きく変わります。家計簿をつける、管理するだけでも違います。

③ 退職後の住宅ローン残高を知らずに焦る

私のところに来たご相談者でこんな方がいました。「58歳、年収1200万円、貯金額300万円、住宅ローン残高4000万円……私はどのように老後生活をしていけばよいでしょうか?」

とてつもなく難しい案件でした。年収が1200万円もあるのに、貯金が300万円しかないということは、それなりに使っていたことも想像できます。退職金を聞けば1000万円程度であることもわかりました。家を買ったタイミングが遅すぎたこともあり、65歳で退職金全額を繰り上げ返済に使ってもまだ2700万円ほど残ります。定年ギリギリになると、貯められる期間にも限りがあります。「年金生活に入るときに住宅ローンがどのくらい残っているのかをわかって買っていれば……」という後悔が残ります。ここまでくると解決策は、「大幅な節約」「家を売る」くらいしか選択肢がなくなります。定年時の住宅ローン残高を知っておくことで今からどのように対策ができるかを考えることができます。今すぐ、住宅ローン償還表の定年時点の残高をチェックしてみてください。

④ やりたいことが見つかるが、お金が足りずに断念

定年を迎えた後に、趣味の仲間などの新しいコミュニティに参加することがあります。新しいことに挑戦して新しい仲間ができれば人生が豊かになります。しかし、たとえばテニスをやり始めてそこで知り合った仲間と旅行に行くことになったとしても、お金がないと参加できないなんてこともあり得ます。また、孫ができるとプレゼントやお年玉、子ども夫婦を旅行に連れていく、住宅資金援助、結婚資金援助など、現役では想定していなかった支出が出てくることがあります。このような支出に耐えられるようにするために老後資金予算に入れておくと、楽しめるようになります。

⑤ 60歳を過ぎても仕事をしていくと想定し、病気になり焦る

先ほども触れましたが、70歳まで働くつもりでいても、年齢とともに病気になるリスクが高まります。病気になって仕事を辞める可能性も高くなることを覚えておきましょう。〝いつまでも元気で働く〟という前向きな気持ちは大切です。ただ、病気になるリスクを想定せずにいると、想定外のタイミングで収入がなくなり、貯金計画が狂います。時代が変わり、70歳まで働くことが普通になったとしても、50〜60歳よりも60〜70歳のほうが病気にかかるリスクが高い事実は変わりません。病気による収入減少リスクをイメージしながら60〜70歳の計画を立てることが大事です。

⑥ 老後を考えることから感情的に逃げて、老後になって焦る

実は、私の母がそうでした。銀行で働き始めた私は、「老後資金って大変なんだ」と知り、母に「老後資金はしっかり貯めているのか?」と聞きました。すると、母から、気分悪そうにこんな回答がありました「あんたね、私が明日より後のことを考えたくない人だって知っているでしょ? あんたの世話にはならないから大丈夫よ」で

した。母は、明日より後のことを考えられない人ではなかったはずです。

しかし、このようなことを言い出した裏には、不安の反発で起きた感情があったのだとわかりました。「怖いから見たくない」という感情により、老後から目を背けていたのです。結果どうなったかはここでは差し控えますが、それを続けていくうちに、老後を迎えてから焦り出すのですが、収入を稼げる状態になっていなければ、もう後の祭りなのです。

ここまで実際にあった事例をご紹介してきましたが、老後を直視して、ライフプランを立てていくことがどれだけ重要かご理解いただけましたでしょうか。ぜひ、読者のみなさんも**計画を立てる**ことから逃げず、**現状把握を試みてください**。

まとめ

老後の生活や資金について、計画を立てることから逃げない。

コラム

年金は本当にもらえるの？

「将来的に、年金がもらえなくなるかもしれない」と不安に感じる人がいるかもしれませんが、まったくもらえなくなる心配はないといえます。年金の財源の半分は、現役世代が支払う保険料で残りの半分は税金が使われています。年金をなくすということは、生活保護を増やすか、年金や生活保護がもらえなくなり犯罪に走る高齢者を激増させるかの選択になってしまいます。財源や年金制度がある状態で年金をなくすという選択肢はありません。また、日本は「年金積立金」を用意し、給付額の増大などの将来的なリスクに備えています。その額は２０１８年度で１６６兆円。世界的にもこれだけの金額を積み立てている国は少ないのです。厚生労働省が行なったシミュレーション（「財政検証結果」）によると、今から約１００年後までは財源が十分あるとのこと。ただ、保険料収入が減っていることもありますので、受け取れる額が減ってしまう覚悟はしておいてもよいかもしれません。

第5章

知って得する！
高齢者向け支援制度

1

2019年10月から新しい制度がスタート。年金額が少ない人は給付金が受け取れる

公的年金制度に2019年10月から新しい制度が導入されました。年金を含む所得が一定基準以下の人を対象に、生活支援を目的として年金の上乗せを行なう**「年金生活者支援給付金」制度**です。

その一つである**「老齢年金生活者支援給付金」**では月額5000円が給付されます。給付金の対象者になるには、次の3つの支給要件を満たすことが条件です。夫婦2人とも要件を満たしていれば、それぞれが給付金をもらえます。国民年金保険料を納めた期間などによって、支給額が少なくなることもあります。

●支給要件

①65歳以上で老齢基礎年金を受給していること。

②同一世帯の全員、市町村民税が非課税であること。

③前年の公的年金の収入額と、ほかで得ている所得の合計が87万９３００円（老齢基礎年金の満額）以下であること。

「年金生活者支援給付金」制度には、ほかに**「遺族年金生活者支援給付金」「障害年金生活者支援給付金」**があります。支給要件を満たしていれば、それぞれ給付金が受け取れます。給付額は、遺族と障害等級2級の場合は月額５０３０円。障害等級１級の場合は月額６２８８円が目安になります。扶養親族などの人数によって増額があります。

「年金生活者支援給付金」は、２０１９年4月１日時点で給付の要件を満たしている人には、手続きに必要な書類が届いているので、返送すれば翌月から給付が開始します。２年目からの手続きは原則不要です。

２０１９年４月２日以降に老齢・障害・遺族基礎年金の受給を始める人は、年金の裁定請求手続きを行なう際に、あわせて「年金生活者支援給付金」の認定請求の手続きを行なうことになります。

気をつけなくてはいけないのは、世帯構成が変わったり税額が変更になったりしたために、新たに支給要件に当てはまるようになった人です。自分から認定請求の手続きをしないと受給できないので、「ねんきんダイヤル」や最寄りの年金事務所に相談して早めに手続きしましょう。

また、自分が対象になるか、給付額はいくらになるかなど詳しいことが知りたいときも、「ねんきんダイヤル」や最寄りの年金事務所で相談できます。

まとめ

年金額が少ない人は、月額5000円がもらえる「年金生活者支援給付金」の対象になっていないか確認しよう。

2

「老齢基礎年金」をもらうとき、「繰り下げ受給」がおすすめ。逆に「繰り上げ」は絶対しないこと

「老齢基礎年金」は原則として、65歳から年金が支給開始になります。しかし、本人の希望により最短60歳まで支給開始年齢を早めることができます。これを**「年金の繰り上げ受給」**といいます。

反対に、最長70歳まで年金支給開始年齢を後にすることができます。これを**「年金の繰り下げ受給」**といいます。

繰り上げ、繰り下げともに、**月単位**で支給開始年齢を選ぶことができ、**「繰り上げ**

図表６　年金の繰り上げ・繰り下げで受給額は変わる

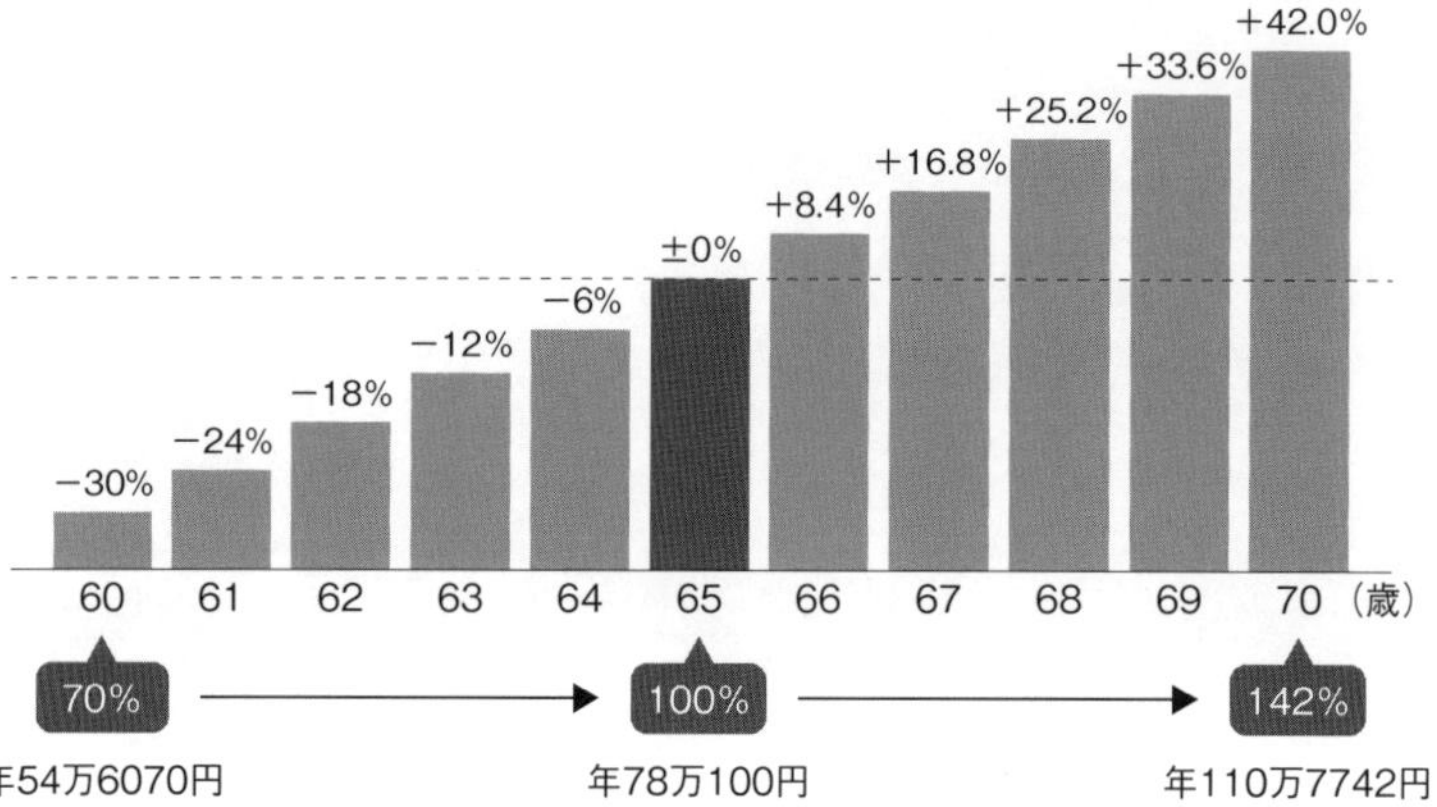

※2019年度の老齢基礎年金の受給額で計算
※出典：日本年金機構のホームページを基に作成

受給」をした場合、繰り上げた月数分だけ減額されます。１カ月あたりの減額率は０・５％ずつ減額されるため、60歳から年金をもらい始めた場合、０・５％×60カ月（5年×12カ月）＝30％を、65歳でもらえるはずだった金額より減額されます。

たとえば、２０１９年の老齢基礎年金は満額で78万１００円なので、60歳から繰り上げ受給をすると54万６０７０円になります。月額では、おおよそ2万円の減額になります。また一度繰り上げをすると、途中で変更ができず、受給額は一生続くことになります。

その一方、「繰り下げ受給」をした場合は、１カ月あたり０・７％ずつ増額され、年間では8・4％の増額です。たとえば、70歳で年金をもらい始めた場合、0・7％×60カ月＝42・0％増額されるので、月額では、おおよそ2万7000円増額になります。

では、トータルで見ると何歳から年金を受給すればトクになるのでしょうか。

・75歳以上まで生きないと思う人は、60歳から繰り上げ受給をすると一番トク。
・81歳以上まで生きると思う人は、70歳まで繰り下げるのがトク。
・75～81歳まで生きると思う人は、65歳から受給するのがトク。

ただし、定年後も現役並みの収入を得る人は、もらえる年金額が変わったり、繰り下げ受給をして年間の年金額が上がったりすることにより、所得税や健康保険料が上がるケースがあります。

また、障害年金など他の年金を受給する方などは、条件が変わりますので、注意が必要です。

繰り上げ受給をすると障害をかかえる状態になったときに困る

65歳になる前に年金の「繰り上げ受給」をしていると「障害基礎年金」を受け取ることができなくなります。障害基礎年金の年金額は、2級で老齢基礎年金の満額、1級は満額の1・25倍を受け取ることができます。

自分の健康に自信がない人や持病がある人などは、「繰り上げ受給」を希望する人も多いようです。

しかし、病気や障害が重い場合にもらえる「障害基礎年金」があることを知っておきましょう。

年金の繰り上げ・繰り下げは自分の意思でできますが、老後の生活や自分自身の健康状態などを考えて、慎重に行なうことが大事です。

繰り下げると受給開始までは収入が0になる

「繰り下げ受給」をすれば年金受給額は増えますが、年金を受給するまでは年金がもらえません。

仕事を続けるなど生活費を自分で確保できるか、その間に貯金で生活するのかを考えましょう。自分の健康状態や働き方などを考慮して年金受給開始年齢を決めるようにします。

まとめ

「繰り上げ」も「繰り下げ」も、一概にどちらが得かを考えるだけではなく、受給するまでの生活費の確保なども考えた上で選択すること。

3

年下の妻がいる会社員には「加給年金」が支給される

夫が年上の場合、妻より先に夫の年金受給が始まります。妻が専業主婦で収入がないときには、夫の年金だけでは生活費が足りなくなることがあるかもしれません。夫が「厚生年金」に一定期間以上加入していて、65歳に達した時点で妻や子どもがいるときには**「加給年金」**が加算されます。これは給与における「扶養手当」のようなものにあたります。ただし国民年金には「加給年金」の制度はありません。

夫の支給要件としては、厚生年金に原則20年以上加入（または40歳以上で15年以上加入）していることが必要です。

もらえる要件は以下の通りです。

①配偶者は、65歳未満で年収が850万円（確定申告者の場合：655万5千円）未満であること

②子どもは18歳になった年の年度末まで（1、2級の障害があれば20歳未満）

③配偶者も子も、世帯主と生計が同じであること

もらえる額は、22万4300円（年）です。ただし、第三子以降の子は一人あたり、7万4800円となります。

妻が65歳になると「加給年金」は支給停止となります。その代わり、妻の年金に「振替加算」が上乗せされます。

妻が年上なら「振替加算」も忘れずに手続きを

夫の老齢厚生年金に加算されていた「加給年金」が、妻が65歳になったときに打ち

図表7　妻が年上なら振替加算の手続きが必要

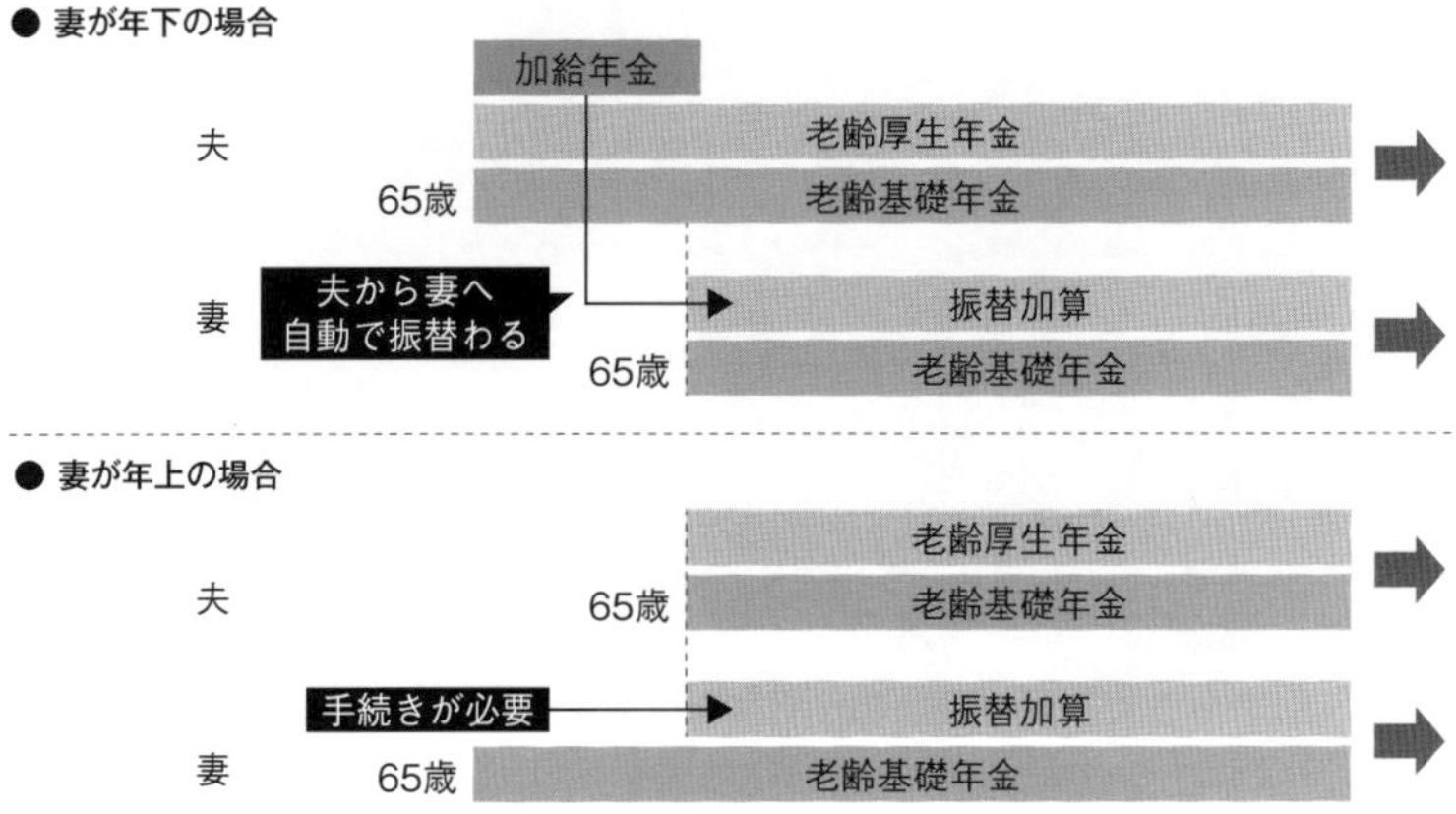

※出典：日本年金機構のホームページを基に作成

切られるのは、妻が自分の老齢基礎年金が受給できるようになるからです。配偶者が年金収入を得られるようになれば、扶養手当という性格を持つ「加給年金」はなくなる、という意味合いがあります。

妻が65歳に達すると「加給年金」は打ち切られますが、その代わりに妻の老齢基礎年金に「振替加算」が上乗せされます。自分の老齢基礎年金の手続きをしたときに、「振替加算」も自動的に手続きされますので、もらい忘れはありません。

しかし、妻が夫より年上の場合は、夫の年金受給が始まるまで「振替加算」はもらえません。妻は夫の年金開始が始まった段階で、「振替加算」の手続きを忘れずに行ないましょう。「振替加算」の額は妻の生年月日によって異なり、若いほど低くなります。

たとえば昭和25年4月2日〜昭和26年4月1日に生まれた人は年額8万9６４円もらえますが、昭和40年4月2日〜昭和41年4月1日に生まれた人は1万５０６８円です。

昭和41年4月2日以後に生まれた人は「振替加算」はもらえません。

妻が65歳を迎えて「振替加算」をもらい始めた後に夫が死亡、あるいは65歳以後に離婚しても支給は生涯続きます。

まとめ

厚生年金に加入していた夫で、一定の条件を満たすと「加給年金」が支給され、妻が65歳になると「振替加算」が妻の年金に上乗せされることがある。

●「届け出」をすれば国からお金が戻ってくる制度を利用してお金の負担を軽減

年齢とともに病気やケガをするリスクも増えてきます。そんなときに申告をするとお金が戻ってくる国の制度があります。知っておけばお金の負担を軽くすることができます。次の3つの制度は医療費や介護費のお金に利用できる制度です。

①　1年間の医療費や薬の購入費が10万円以上かかったときに申告する「医療費控除」

②　1カ月の医療費が一定の金額を超えた場合、申告すれば超えた分のお金が戻る「高額療養費制度」

③　1カ月の介護サービス費が高額になったときに利用ができる「高額介護サービス費」

気をつけなくてはいけないのは、これらの制度は自分で申告しないとお金が戻ってこない点です。特に「高額療養費制度」は、手術やケガなどで入院をしたときでも、高額な医療費の負担を抑えられる制度です。民間の医療保険に入っていなくても、安心できる制度なので覚えておきましょう。それでは、詳しく見ていきます。

1

医療費関連の領収書をとっておけば、「医療費控除」でお金が戻ってくる

年齢を重ねるごとに体の不調も増えて、医療機関の受診や薬の購入が増えてきます。

1年間の医療費の合計額が10万円以上かかった場合、申告をすれば医療費控除でお金が戻ってくる制度が「医療費控除」です。医療費控除の申請には、1年間（1月1日～12月31日）にかかった医療機関の明細書や薬局での領収書、市販薬を購入したレシートなどが必要になります。

市販の風邪薬や胃腸薬、医師の処方による漢方薬、レーシックの手術などは医療費

控除の対象になります。一方、風邪予防のうがい薬やマスク、インフルエンザ予防接種などは対象になりません。国税庁や各自治体のホームページなどに詳細が載っていますので確認することができます。

医療費控除の計算方法を知りたい

医療費控除は生計を同じくする家族全員分を合算して申告できます。生計を同じくする人の中で、収入が一番多い人が申告すれば、税率が高いため還付金も多くなります。医療費控除の計算式を使って計算すると、おおよその還付金の金額がわかります。

◆計算式

（A）1年間に医療費として支払った総額－（B）保険（医療保険の入院給付金など）で補填されている金額－（C）10万円（総所得が200万円未満の人は総所得金額×5％）＝（D）医療費控除額（上限は200万円）

（例）Aさんの場合

1年間の生計を同じくする家族の医療費の合計が30万円で、保険会社からの保険金5万円が支給されました。Aさんの1年間の総所得は430万円です。

（A）30万円－（B）5万円－（C）10万円＝（D）15万円

所得から15万円が控除になります。15万円に自分の所得税率をかけると、戻ってくる還付金額がわかります。ただし、医療費控除になる最高額は200万円までです。医療費控除は申告を忘れていてもさかのぼって5年間は申告が可能です。生計を同じくする家族全員の領収書が対象になります。

まとめ

1年間に家族の医療費が10万円を超えた場合は、医療費控除が受けられる。

2

1カ月の医療費が一定の金額を超えた場合に超えた金額が払い戻される「高額療養費制度」

先ほど触れた「医療費控除」は年単位で申告する制度ですが、**「高額療養費制度」は1カ月の医療費が高額になったときに利用できる制度です。** 医療費で家計が圧迫されないように負担を軽減できます。

たとえば、ケガや病気での入院、手術などで、1カ月の医療費が高額になってしまうことがあります。そんなときに利用できるのが「高額療養費制度」です。健康保険に加入している人の1カ月の医療費が、一定の金額（自己負担限度額）を超えた場合、超えた金額が払い戻される制度です。「高額療養費」は、個人ごと、医療機関ご

図表８　高額療養費の自己負担額

69歳以下の方の上限額

適用区分		ひと月の上限額（世帯ごと）	多数回該当の場合
ア	年収約1,160万円～ 健保：標報83万円以上 国保：旧ただし書き所得901万円超	252,600円＋（医療費－842,000）×１％	140,100円
イ	年収約770～約1,160万円 健保：標報53～79万円 国保：旧ただし書き所得600万～901万円	167,400円＋（医療費－558,000）×１％	93,000円
ウ	年収約370～約770万円 健保：標報28～50万円 国保：旧ただし書き所得210万～600万円	80,100円＋（医療費－267,000）×１％	44,400円
エ	～年収約370万円 健保：標報26万円以下 国保：旧ただし書き所得210万円以下	57,600円	44,400円
オ	住民税非課税者	35,400円	なし

70歳以上の方の上限額（平成30年８月診療分から）

<table>
<tr><th colspan="2">適用区分</th><th>外来（個人ごと）</th><th>ひと月の上限額（世帯ごと）</th><th>多数回該当の場合</th></tr>
<tr><td rowspan="3">現役並み</td><td>年収約1,160万円～
標報83万円以上／課税所得690万円以上</td><td colspan="2">252,600円＋（医療費－842,000）×１％</td><td>140,100円</td></tr>
<tr><td>年収約770～約1,160万円
標報53万円以上／課税所得380万円以上</td><td colspan="2">167,400円＋（医療費－558,000）×１％</td><td>93,000円</td></tr>
<tr><td>年収約370～約770万円
標報28万円以上／課税所得145万円以上</td><td colspan="2">80,100円＋（医療費－267,000）×１％</td><td>44,400円</td></tr>
<tr><td>一般</td><td>年収156万～年収約370万円
標報26万円以下／課税所得145万円未満等</td><td>18,000円
（年14万4千円）</td><td>57,600円</td><td>44,400円</td></tr>
<tr><td rowspan="2">住民税非課税等</td><td>Ⅱ住民税非課税世帯</td><td rowspan="2">8,000円</td><td>24,600円</td><td rowspan="2">24,600円</td></tr>
<tr><td>Ⅰ住民税非課税世帯
（年金収入80万円以下など）</td><td>15,000円</td></tr>
</table>

注　１つの医療機関等での自己負担（院外処方代を含みます）では上限を超えないときでも、同じ月の別の医療機関等での自己負担を合算することができます。この合算額が上限額を超えれば、高額療養費の支給対象となります

出典：厚生労働省のホームページを基に作成

とに、1カ月の医療費が対象になり、月単位で計算されます。月の初めから月末までの期間に限ります。同じ医療機関内でも外来・入院・歯科・医科は別々に精算されます。図表のように、1カ月の自己負担限度額は「69歳以下」と「70歳以上」で異なります。また所得区分によっても異なります。

高額療養費の自己負担額の計算例

図表8と9を参照しながら高額療養費の自己負担額の計算方法を説明します。「69歳以下」で所得区分（ウ）に該当する人（年収約370〜約770万円）が、100万円の医療費がかかり、3割負担なので窓口で30万円を支払った場合です。入院時の食費、差額ベッド代などは含みません。

1カ月あたりの自己負担限度額は「69歳以下」で所得区分（ウ）で計算します。

8万100円＋（100万円－26万7000円）×1％＝8万7430円

図表9でもわかるように、21万2570円が高額療養費として支給され、自己負担額は8万7430円になります。

図表９　高額療養費制度を利用したときの自己負担額の計算式

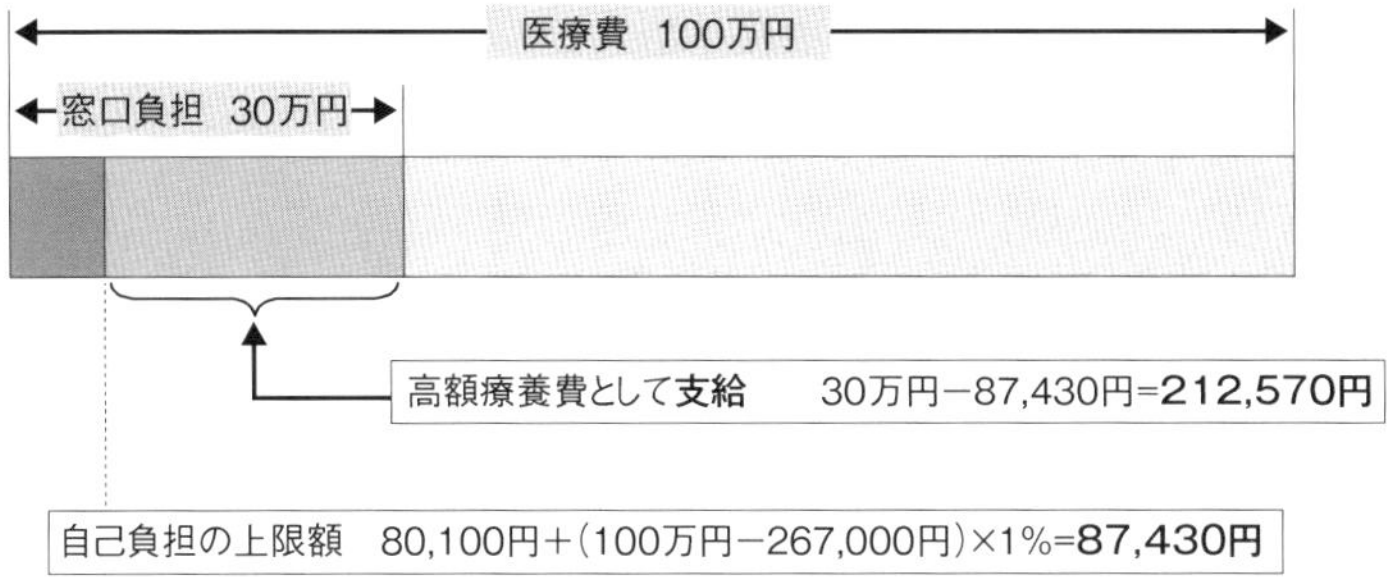

出典:厚生労働省のホームページを基に作成

高額療養費制度をお得に使うワザ　その１

・入院は月初めにしてふた月またがないようにする

「高額療養費制度」は１カ月単位で計算されるため、入院がふた月にまたがると月単位で分割され、制度が適用されない場合も。ふた月にまたがると、計算上、１カ月の支払いが「高額療養費」の自己負担限度額に達しないことがあるからです。

ですから、もし入院が事前にわかっていれば、月初めに入院できるように病院と日程を調整し、計算がふた月にまたがらないよう配慮します。

高額療養費制度をお得に使うワザ　その2

・「世帯合算」のしくみを利用すると自己負担額が軽減できる

「高額療養費制度」では、ケガや病気、入院などで1カ月の医療費の支払いが一定の金額（自己負担限度額）を超えた場合に払い戻されますが、ほかにも、「高額療養費制度」では「世帯合算」というしくみもあります。

通常、1人が自己負担限度額を超えた場合に「高額療養費制度」は利用できますが、**「世帯合算」は、1人では高額療養費制度の支給対象にならなくても、世帯でまとめて自己負担限度額を超えた分を請求できるしくみ。**この「世帯」とは同じ世帯で同じ医療保険に加入している人を指します。「世帯合算」は、同じ世帯の人が窓口で支払った自己負担額を1カ月（暦月）単位で合算して請求することができるのです。

また、世帯で合算した額が一定額を超えた分について、高額療養費として支給されます。ただし、70歳未満の人の受診については、2万1000円以上の自己負担のみ合算されます。

高額療養費制度をお得に使うワザ　その3

・高額療養費制度の「多数回該当」では自己負担額がさらに軽減できる

「高額療養費制度」には直近の12カ月に3回以上の高額療養費制度の支給を受けていると、その月以降は自己負担上限額が引き下げられます。これを「多数回該当」といい、年間で4回以上高額療養費制度に該当すると、自己負担限度額が下がり給付額が増えます。

まとめ

「高額療養費制度」を使うと1カ月の医療費の自己負担額を軽減できる。入院はなるべく月をまたがないようにする。「世帯合算」「多数回該当」などでさらに負担が軽減できる。

3

1カ月の介護サービス費が高額になったとき「高額介護サービス費」制度を利用

1カ月の介護サービス費が高額になったときに利用できるのが、「高額介護サービス費」です。

介護保険の被保険者は、介護サービスを利用すると1～2割負担で済みますが、1カ月に1～3割で利用した介護費用が、一定の金額を超えた場合は、超えた分のお金が戻ってくるのです。

高額介護サービス費は、居宅サービスも施設サービスも対象となります。ただし、福祉用具の購入費や、施設サービスの居住費・食費などは対象となりません。

図表10　1カ月の介護サービス費が一定額を超えると払い戻しがある「高額介護サービス費」

対象	世帯の負担上限額	個人の負担上限額
現役並み所得者に相当する方がいる世帯の場合	44,400円	44,400円
世帯員の中に市民税課税の方がいる場合	44,400円	44,400円
世帯全員が市民税非課税で下記以外の場合	24,600円	24,600円
世帯全員が市民税非課税で ・本人の合計所得金額＋課税年金収入額が80万円以下の場合	24,600円	15,000円
世帯全員が市民税非課税で ・老齢福祉年金受給者の方	24,600円	15,000円
・生活保護受給者 ・利用者負担を15,000円に減額することで生活保護受給者とならない場合	15,000円	15,000円

（注１）１割負担の方のみの世帯は2020年7月までは年間上限額が446,400円
（注２）現役並み所得者相当の人とは、65歳以上で課税所得145万円以上の人
出典：厚生労働省のホームページを基に作成

1カ月の「負担の上限額」は図表10のとおりです。

まぎらわしいのですが、この「負担の上限額」は、202ページにある「居宅サービスの支給限度額」とは別のもので、混同しないように気をつける必要があります。

そして注意しなければいけないのは、要介護ごとに決まっている支給限度額を超えて介護サービスを利用した分、つまり10割の自己負担で利用した分については、高額介護サービス費の対象にならないことです。

なお、1世帯に介護サービスの利用者が2人以上いる場合は、合算して負担の上限

額を超えれば支給対象となります（収入区分による）。

申請手続きは、市区町村の介護保険の窓口で本人、または家族の申請が必要です。一度、申請手続きを行なうと、次回からは自動的に口座にお金が振り込まれるようになります。

◆計算例

自己負担上限額1万5000円で1人暮らし、要介護2の人が介護保険の介護サービスを利用して、1カ月に1割負担で1万9616円支払った場合。

1万9616円－1万5000円＝4616円

となり、4616円が高額介護サービス費として戻ります。

まとめ

1～3割で利用する介護サービス費が高額になってしまったときには、高額介護サービス費が使える。

第6章

老後のお金「どっちがトク!?」クイズ

この章では、みなさんにぜひ知っておいてもらいたい内容を
クイズ形式でご用意しました。
あなたはいくつ正解できるでしょうか？
私のところに家計相談に訪れる方や、セミナーに参加される方からも
よく質問される内容です。
老後資金を増やす方法、有効に活用するための方法が満載です。
ぜひ、楽しみながら学びましょう！

Q1

「医療保険」入ったほうがよい？

医療保険：病気やケガなどに備える保険。手術給付金、入院給付金などをもらえる。

A 入らなくてよい（お守り程度なら加入してよい）

解説

保険の損得を計算するときには、いくらの保険料を払って、「万が一のときにいくら受け取れるか」を対比して考えると答えが出ます。

とある保険会社の医療保険の条件を軸に計算してみます。

保険料：4800円
入院日額：5000円
手術給付金：10万円
保険期間：終身
保険料払い込み期間：終身
加入者年齢：50歳

まずは、支払う総保険料を計算します。

総保険料＝（100歳－50歳）×12カ月×4800円＝288万円

対比として、10日間入院し、手術を受けた場合を計算します。

1回の入院手術でもらえる額＝5000円×10日＋10万円＝15万円
この計算によると、288万円の保険料を支払い、もらえるお金は1回あたり15万円となります。

つまり、この計算だと、288万÷15万円＝19・2回の入院手術をして初めて、払った保険料と受け取れる額が同じになります。とてもコスパは悪いのです。

保険というものは、そもそも、「万が一のことが起きたことにより、経済的に困窮してしまうことを防ぐためのもの」です。たとえば、車の保険は、人を轢いてしまって、損害賠償1億円を請求されたら大変なので、車の保険で賄います。また、大黒柱のご主人が亡くなってしまい、累計すると高額になってしまう家族の生活と子どもの学費を生命保険で補填します。そのような役割が保険です。この観点からは、医療保険の補填の効果はとても低いことはわかります。

「でも、医療保険がないと万が一病気になったとき不安じゃない？」という方もいらっしゃいますが、日本人は素晴らしい健康保険下で生活できていることも忘れてはいけません。米国と違い、「お金がなくて医療を受けられない」なんてリスクはとても低いです。166ページで解説した**「高額療養費制度」**を利用すれば、一回の手術・入院で医療費の持ち出しはせいぜい3万〜15万円です。

保険料と保障の比較、「高額療養費制度（健康保険）」の存在を冷静に比較して、「それでもなお不安だから」と思う方はお守り的な発想で加入するとよいです。

さらに、「病気で収入が減ったら⁉」という方のために。

そもそも、医療保険では収入が減ってしまったことへの補塡はしてくれません。あくまで入院や手術など医療行為に対する保険でしかありません。健康保険には、会社員や公務員の場合、病気やケガで働けず収入がなくなってしまった人のために、**「傷病手当金」**という制度があります。休業した4日目から、1日につき標準報酬日額の3分の2（およそ月収の3分の2）が最長1年6カ月の間支給されます。ただし、これは、国民健康保険加入者は対象ではないのでご注意ください。

一方、特にがん家系の人はがん保険のコスパは医療保険と比べて高いです。「二人に一人ががんになる」といわれていますが、計算してみると、がん保険のほとんどは、70歳くらいまでに一度がんにかかれば、保険料が全額返ってくる計算となり、再発してもらう機会が増えれば増えるほど保障額のほうが払う保険料より大きくなります。特に最近のがん保険は、「保険料免除特約（一回がんにかかると以後の保険料が免除される特約）」をつけるケースが多く、その場合にはより差額が出てきます。

また、「先進医療給付金」特約のために医療保険やがん保険に加入する人も多いです。先進医療とは厚生労働省が認めた高度な医療技術のことで、保険が使えないので全額自己負担になります。

がんの先進医療には、放射線治療の一種である「陽子線治療」、炭素の原子核を利用する「重粒子線治療」があり、治療に200万～300万円かかることがあります。「先進医療給付金」があれば治療の選択肢が広がります。

ただし、先進医療を行なう医療機関は限られていて、がんによっては先進医療が適用にならない場合がありますので、簡単に受けられるものではないことが注意点です。

Q2

主婦の私は、「iDeCo（個人型確定拠出年金）」と「つみたてNISA」、どっちをやったほうがよい？

iDeCo：自分で作る年金の一つ。加入者が毎月一定の金額を金融商品で自ら運用し、60歳以降に年金または一時金で受け取る制度。

NISA：毎年40万円まで投資することが可能で、最長20年間、投資から得た利益が非課税となる制度。

A 収入があり、年金のためなら断然ｉＤｅＣｏ

解説

ｉＤｅＣｏは国の年金制度の一つで、自分で決めた額を積み立てながら自分で運用していきます。掛け金は毎月５０００円から１０００円単位で決められます。基本的に20歳以上60歳未満の人が加入できるため、専業主婦でも加入できます。

メリットは３つの優遇制度があることです。

１つ目は**掛け金が全額所得控除**になること。所得税率が20％、住民税が10％の人が年間10万円掛けると、毎年３万円が税金から返ってきます。

２つ目は**運用益に対する20・３１５％の税金がかからない**ことです。普通の口座で合計１００万円の利益が出ると手取りは79万６８５０円（１００万円－税金）となりますがｉＤｅＣｏの場合は、丸々１００万円が受け取れます。

３つ目は、専業主婦でも退職所得控除（勤続年数が長ければ長いほど受けられる税金の免除のようなもの）を受けることができ、受け取り時に税金なしで受け取れる可能性もあります。

つみたてＮＩＳＡの場合、前記の２つ目のメリットだけが使えます。

反対にｉＤｅＣｏのデメリットは３つあります。

１つ目は投資先を自分で決めて自分で運用するため、将来、**受け取れる金額が確定されず、運用成績に左右されてしまう**ことです。

２つ目は、**60歳になるまで年金を引き出せない**こと。

３つ目は加入期間が10年以上ないと現金化できないことです。

つみたてＮＩＳＡには、１つ目だけがデメリットになります。

この問題の答えは、「収入があり、年金のためなら断然ｉＤｅＣｏ」でした。それは、まとめると、

① どちらも、運用のリスクは自分で負わなければならない。

② ｉＤｅＣｏは、期間の縛りが長く、税制優遇が多い。

③ つみたてＮＩＳＡは期間の縛りはないが、税制優遇が少ない。

ということからです。

どちらも、申し込むには、金融機関を経由します。注意点は、扱う商品の種類や数が金融機関によって異なることです。銀行は扱う商品数が限られていて株式を扱っていないため、**投資信託や株式など、さまざまな商品を扱う証券会社で口座を開設するほうがおすすめ**です。

証券会社といっても、インターネットで取引を行なうネット証券会社と、店舗がある証券会社があります。ネット証券会社は手数料が安くラインアップも豊富なのですが、アドバイザーがつかないので、本人に金融知識がないと手続きが難しい場合があります。店舗がある証券会社は手数料が高くラインアップが少ない傾向にありますが、担当アドバイザーがいて相談にのってもらえます。自分の金融知識や経験に合わせて探しましょう。

また、積極的に進めたい方は、両方やることもありです。どちらも積み立てられる額に上限がありますので、年間貯金額に余裕がある場合には、両方検討もできます。

Q3

定期預金は元本保証なので安心？

定期預金：普通預金よりも金利が高く、一定期間下ろせない預金。

A 安心ではない

解説

一見、元本保証だから減らないと思われがちですが、「お金の価値」という観点からは、マイナスが生まれる可能性が高いのが定期預金です。

先に、全体像をわかりやすくするために、少し小難しい経済のお話を挟みます。

日本人は、「貯蓄＝銀行預金」と考える方が非常に多く、現金・預金の比率は、欧州が35％、米国が13％のところ、日本では52％です。

この理由は、戦時中までさかのぼります。

戦時中に日本国が行なった政策（戦費を調達するために銀行に国民のお金を預けさせたこと）が大元といわれています。これが受け継がれ、銀行に預けることが正しいことだと伝えられてきました。

戦後、高度成長期に入り、銀行に預けることが正しいという意識は徐々に薄れていったのですが、バブルが崩壊したことで、「やっぱり株は危ない、銀行が一番安心だ」という結果に陥ってしまいました。

さらに、拍車をかけたのが、バブル崩壊後のデフレ（物価下落）です。デフレは、バブル崩壊後から、２０１２年まで毎年平均１・49％ずつ進んでいました。つまり、世の中で売っている物の平均価格が毎年１・49％ずつ下落し続けていたことを意味します。

デフレのとき、定期預金は最強の金融商品になるのですが、インフレ（物価上昇）が起こると最低な金融商品に変わります。

インフレ（デフレ）とお金の関係を知ればもっとわかりやすくなります。

インフレ（デフレ）とお金の関係の基本

常に、「物の価値」と「お金の価値」はシーソーのような関係にあります。

物の価値が上がると、相対的にお金の価値が下がることをインフレ、物の価値が下がり、相対的にお金の価値が上がることをデフレといいます。

70年前と今で比較すると、70年前の大卒の初任給は、1万1千円（今は21万円）でした。1万1千円は当時の人からすれば大金です。なぜなら、当時は、コーヒー1杯の値段は30円の時代でしたから、1万1千円でも1カ月間生活できる金額だったからです。

でも、現代の人が1万1千円で1カ月生活をしろと言われてもできません。70年前の人が「1カ月も生活ができる大金だ」と思っていた金額が現代の人にとっては、「1カ月なんて到底生活できる金額ではない」と思う金額になっています。この感覚が**お金の価値の下落**です。

このように、インフレが進むと、あなたの貯金額が年々価値を落としていきます。

たとえば、あなたが今の貨幣価値で老後資金を計算し、2000万円あれば足りると判断したとします。

20年後に老後を迎えるとして、物価が毎年1％ずつ上昇するということは、1％×20年＝20％多く老後資金を用意しなければ、老後を迎えたときに「2000万円貯めたのに、物価上昇により生活費が高くなったせいで2400万円ないといけなかった……」という状態に陥ります。

それにもかかわらず、定期預金に入れて増える額は、0・01％程度です。つまり、1％のインフレが起きているときに、0・01％の利息しかもらえないということは、差し引き0・99％お金を減らしてしまっていることと同じことになってしまうということです。

アベノミクス発足後の2013年以降、日本も平均で0・8％程度のインフレが起きています。

国の目標は毎年2％の物価上昇をさせるべく政策を行なっています。そのため、デフレ時代と同じ感覚で定期預金が元本保証だから……と言っていたら痛い目にあうこともあるのです。

Q4

銀行からすすめられる「毎月分配型」の投資信託はやったほうがよい？

投資信託　：個人投資家から集めた資金でプロの投資家が銘柄を選び運用すること。

毎月分配型：分配金を毎月受け取れる投資信託。

A やらないほうがよい

解説

まとまった退職金が入り、銀行に運用方法を相談に行ったとき、**「投資信託」**をすすめられます。**投資信託とは多数の個人投資家から資金を集めて、プロの投資家であるファンドマネージャーに、手数料を払って運用してもらう投資のこと。**本来あるべき投資信託の姿はこれなのですが、**気をつけたいのは未だに人気がある「分配型」投資信託、特に「毎月分配型」です。投資信託が銀行でも販売できるようになってから、あらゆるところで、「毎月おこづかい（分配金）をもらえるから老後資金にはもってこいですよ」**とすすめられて買う人が多く、ファンド側も「たくさん分配金を出す投資信託は売れる！」と考え、**〝とある仕組み〟**を使って、無謀な分配金額を設定※しさまざまな商品を発売しました。

その〝とある仕組み〟を知れば、分配型投資信託の何が悪いのかがわかります。

この仕組みの中での「分配金」は、私たちが一般的にイメージする「利益」から分

※すべての商品がそうであるわけではありません。

配されたお金ではありません。よくあるケースが、ファンドの運用は2％しか取れていないのに、12％の分配金を出して、高額なおこづかい（分配金）を受け取れる商品であるように見せるものです。差し引き10％がどこから出ているのか？　と疑問に思うと思いますが、あなたが投下した元本から差し引いて分配金として支払っている、というか、返金しているだけにすぎないのです。当然、投資信託も運用状態が悪いときには、マイナスが出る月もあります。マイナス2％だった月にも、同じく12％の分配金を支払いますが、この月は差し引き14％をあなたが投下したお金から返金をします。そのように、高い利回りを維持しているように見せるのです。

それだけではありません。元本が返金されるということは、こんなことの連鎖が起きます。

①　100万円を元本に投資信託を買う。
②　利益が2万円（2％）出たが、12万円（12％）を分配金としてもらう。
③　2万円は利益からの分配だったが、差し引き10万円は返金したにすぎず、あなたの元本は90万円になった。
④　さらに翌年、2％で運用するが、元本が90万円になっているため、90万円×

2％＝1・8万円に下がってしまう。

⑤　分配金を12％もらうことになり、差し引き12万円－1・8万円＝10・2万円があなたの元本から差し引かれた。

このような連鎖を起こしていくうちにどんどん投資元本は小さくなり、その仕組みを知らずに、おこづかいとしてもらっていた分配金を使ってしまっていたらライフプランは大きく変わってしまいます。

一昨年、このような問題が取り上げられ、規制がかかり、新たに発売される投資信託にはこのようなものはなくなりました。しかし、過去にあった商品がなくなったわけではありません。

正しく選択するには、「月報」を確認しましょう。月報で、その投資信託がどれくらいのリターンを稼ぐ運用をしているのかを知り、本来の運用成果以上に分配金が出ていないかチェックしてみることをおすすめします。

Q5

介護保険はどんなときに利用できる？

介護保険制度：介護が必要な人が認定を受けて、介護サービスを利用できる国の制度。

A 介護が必要な人が1～3割の自己負担で介護サービスを利用できる

解説

年齢とともに病気やケガのリスクが高まり、体が思うように動かず介護が必要な人が増えていきます。**介護を受けるときに最初に考えておきたいことは、「どこで介護を受けてどんな生活を送りたいか」「介護を受けたいか」です。それによってどれくらいお金を用意したほうがいいかが変わってきます。**

長年住み慣れた自宅から離れたくないという思いから、高齢者の7割以上は自宅で介護を受ける「在宅介護」を希望しています（出典：内閣府「高齢社会白書2018年版」）。自宅で暮らしていて身の回りのことができなくなったときに利用できる公的な制度が**「介護保険」**です。訪問介護（ホームヘルパー）やショートステイなど、介護保険の介護サービスを利用して自宅で生活を送ることができます。

自宅で介護を受けるときに費用はどれくらいかかるでしょうか。公益財団法人生命保険文化センター「平成30年度生命保険に関する全国実態調査〈速報版〉」によると、

介護保険サービスなどの1カ月にかかる介護費用の平均値は7万8000円でした。利用する介護サービスの種類や回数、要介護度などによっても金額は異なりますが、在宅介護を受けるとき、これが一つの目安になります。**今から介護費用について考えておかないと、費用が足りずに老後破産につながることがあります。**

要介護度が決まったら介護サービスを利用開始

介護保険の被保険者には「第1号被保険者」と「第2号被保険者」の2種類があります。「第1号被保険者」は65歳以上の人で、「第2号被保険者」は40~64歳の医療保険に加入している人です。

「第1号被保険者」は、介護が必要になったときに介護保険を利用することができます。まず、市区町村による「要介護認定」を受けて、それを基に「要介護度」が決定したら、介護サービスを利用できる仕組みです。要介護度は心身の状態が軽いほうから「要支援1、2」「要介護1~5」の計7段階に分かれます。それ以外に、どれにも当てはまらない「非該当（自立）」も。非該当の場合は介護保険制度の利用はできませんが、自治体が行なう「介護予防・日常生活支援総合事業」を利用できます。

それぞれの要介護度の心身の状態の目安としては、要介護1は「立ち上がりや歩行が相当不安定。家事などに部分的に介護が必要な状態」、要介護5は「介護なしには日常生活が不可能な状態」です。

要介護度が「要支援1、2」「要介護1～5」のどれかに当てはまる人は、1～3割の自己負担で、介護保険のさまざまな介護サービスを利用できます。 残りの7～9割は介護保険から支払われます。自己負担割合の1～3割は収入によって定められていて、1割負担の人はどの介護サービスを使っても1割負担です。

自宅で介護保険の介護サービスを利用するときは、どの介護サービスをどれくらい利用するか、介護費用としてどれくらいまで支払えるかなどをケアマネジャーと相談し、月ごとに「ケアプラン」を作成してもらいます。

なお、40～64歳の「第2号被保険者」は、「特定疾患」で介護が必要になったときのみ介護保険を利用できます。

Q6

介護保険の介護サービスは好きなだけ使える？

居宅サービス：自宅で暮らす人を対象にした介護保険の介護サービス。

A 要介護度ごとに1~3割の自己負担で使える上限額が決まっている

解説

介護保険を利用すると、どのくらいの費用がかかるか見ていきます。

介護保険の「居宅サービス」でよく利用されているのは、ホームヘルパーに自宅に来てもらい介護を受ける「訪問介護」です。食事や入浴などの「身体介護」、洗濯や食事の準備などの「生活援助」を受けられます。

介護保険では介護サービスの費用は種別ごとに決まっていて、たとえば1割負担の人は訪問介護の「身体介護」では20~30分未満で248円、「生活援助」では20~45分未満で181円になります。

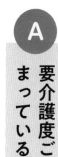

2割負担、3割負担の人はこの金額が2倍、3倍になります。東京など人件費の高い地域は費用の割り増しがあります。

居宅介護では「デイサービス」もよく使われます。送迎車で通所介護施設に行き、入浴や機能訓練、レクリエーションなどを行ないます。費用は1割負担の場合で、目安として要介護3の人は883円、要介護5の人は1124円です。2割負担、3割負担の人はこの金額が2倍、3倍になります。このほかに食事代として別途500〜800円かかります。

家族の負担を減らすために介護サービスを利用することは有効ですが、利用回数が多いと介護費用がかさむことがあります。

支給限度額を超えると10割負担になる

介護保険の介護サービスは1〜3割の自己負担で済みますが、無制限に使えるわけではないのです。

1カ月間に1〜3割で利用できる介護サービスの上限額が決まっていて、これを「支給限度額」と言います。支給限度額は図表11のように要介護度ごとに異なります。要介護度が高くなるほど支給限度額も高くなるといえます。

もし、1カ月の支給限度額を超えて介護サービスを利用すると、超えた分は10割全部が自己負担になってしまいます。

図表11　要介護度ごとの居宅サービスの支給限度額

要介護状態区分	1カ月の支給限度額	1割負担額	2割負担額	3割負担額
要支援1	50,030円	5,003円	10,006円	15,009円
要支援2	104,730円	10,473円	20,946円	31,419円
要介護1	166,920円	16,692円	33,384円	50,076円
要介護2	196,160円	19,616円	39,232円	58,848円
要介護3	269,310円	26,931円	53,862円	80,793円
要介護4	308,060円	30,806円	61,612円	92,418円
要介護5	360,650円	36,065円	72,130円	108,195円

出典：厚生労働省のホームページを基に作成

たとえば、もっとも要介護度が高い「要介護5」の人は、生活全般にわたって全面的な介助が必要になります。介護をする人の負担を軽減するために、訪問介護（ホームヘルパー）やデイサービス、ショートステイなどの通所サービスを利用する機会が増えるため、介護費用もかさみます。そのため、1カ月の支給限度額は一番高額な36万650円に設定されていて自己負担額はその1～3割です。

ケアマネジャーは利用者や家族の要望を聞きながら、なるべく支給限度額内に収まるように介護の計画書である「ケアプラン」を作成します。しかし**要介護度が上がるにつれて支給限度額以内では足りずに、**

支給限度額を超えて10割負担で介護サービスを利用する頻度が増えていくのが現状です。

介護費用を抑えたいときには、事前にケアマネジャーに「1カ月の介護費用の予算は支給限度額内にとどめたい」「3万円までにしたい」と提示しておけば、ケアマネジャーは利用者の希望に沿ってケアプランを立ててくれます。介護を受ける人や家族も安心して介護サービスを利用できます。

介護サービスを1~3割の自己負担で利用して一定額を超えた場合は「高額介護サービス費」制度（172ページ参照）でお金が戻ってきます。

ただし、10割負担で介護サービスを利用した分は「高額介護サービス費」の対象にならないので注意が必要です。

Q7

高齢者住宅にはどんな種類がある？

特別養護老人ホーム（特養）：自宅での生活が困難な要介護３以上の高齢者が入居できる公的な介護保険施設。

A 特別養護老人ホーム（特養）や介護付き有料老人ホームなどがある

解説

病気やケガで体が不自由になると、自宅での生活が難しくなることがあります。自宅以外で介護を受ける場所としては**「特別養護老人ホーム（特養）」**や**「介護老人保健施設（老健）」**などの介護保険施設があります。民間施設では**「介護付き有料老人ホーム」**や、近年、増加傾向の**「サービス付き高齢者向け住宅（サ高住）」**などがあります。

老後の住まい選びで一番気になるのは、どれくらいの費用がかかるかということです。**比較的、費用が安い介護保険施設に「特別養護老人ホーム（特養）」があります。**要介護3以上の人が利用でき、収入に応じて食事や部屋代の負担の軽減制度があるため、国民年金のみを受給している人でも入所が可能な場合が多いです。

特養は人気が高いため待機者が多く、厚生労働省によると2019年4月の特養の待機者は全国で29万人に上ります。特養に入所できたとしても、資産が1000万円

以上（配偶者がいる場合は合計2000万円以上）の人は、食費や部屋代の負担が軽減されないため、月額費用が15万円以上になることもあります。

一方、同じ介護保険施設でも「介護老人保健施設（老健）」は、入院していた病院からすぐに自宅で生活することが難しい人などが、元の生活に戻れるようにリハビリを受ける施設です。しかし本来のリハビリ目的よりも、特養の待機者がやむを得ず入るケースが多く見られます。家庭での介護が限界にきて、老健に入りながら特養の空きを待つような場合も珍しくないのが現実です。

特養に入れる可能性が少なければ、民間の「介護付き有料老人ホーム」「サービス付き高齢者向け住宅」などを検討することになります。

同じ「介護付き有料老人ホーム」といっても、個々の施設によって金額はさまざまです。地域によっても金額が異なります。初めから「介護付き有料老人ホーム」だけに絞って探す、「サービス付き高齢者向け住宅」のみを調べる、というように限定しないで、視野を広げて調べてみるのもおすすめです。

今はインターネットで検索すれば、簡単に施設の情報が手に入ります。きれいな外観や立派な設備、充実したサービスなどが、魅力的な写真とともに紹介されたホーム

図表12　主な高齢者住宅と費用の目安

施設の種類	公的／民間	入居一時金の相場	月額料金の相場
介護付き有料老人ホーム	民間施設	0～数億円	15～35万円
住宅型有料老人ホーム		0～数千万円	15～35万円
サービス付き高齢者向け住宅		0～数十万円	10～30万円
グループホーム		0～数百万円	15～30万円
特別養護老人ホーム	公的施設	0円	6～15万円
ケアハウス（軽費老人ホームC型）		数十万～数百万円	15～30万円

ページが目につきます。立派なロビーのあるきれいな施設もいいのですが、それよりも介護福祉士、ヘルパー、医師、看護師などの職員数が十分なのか、どのようなサービスが提供されるのかなどを調べるほうが重要だといえます。

「介護付き有料老人ホーム」に入居する際は、一時金として数百万から数千万円ほど必要だったり、夫婦2人で入所して毎月の費用が40～60万円かかったりすることもあります。自宅を処分して入居するケースも少なくありません。今から介護に備えた生活設計を立てておくことが重要です。

Q8

離婚したら専業主婦は年金がない？

A 離婚をしても、夫の厚生年金を分割して妻が受け取れる

解説

離婚を考えたとき、老後の生活資金について見通しを立てなければなりません。離婚したときに夫の年金の一部を妻が受け取れる**「厚生年金の離婚分割制度」**があります。「夫の年金の半額を妻が受け取れる」と誤解している人がいるかもしれませんが、そうではありません。離婚分割には、2007年4月以降の離婚を対象とした**「合意分割」**と、2008年4月以降の離婚を対象とした**「3号分割」**があります。

「合意分割」は夫婦での話し合い、あるいは家庭裁判所において、「婚姻期間中の夫の厚生年金の比例部分」の分割割合を決めます。このとき、夫の「国民年金」や「企業年金」までは分割できません。「合意分割」では2007年3月以前の婚姻期間も分割対象にすることができます。分割した後で実際に年金を受給できるのは、妻が年金受給年齢に達してから。夫が先に年金受給年齢に達して受給が始まっても、妻は自分の年金受給年齢になるまでは受け取れません。分割後に夫が亡くなったとしても妻

は自分に分割された年金を生涯、受給することができます。

一方「3号分割」は、2008年4月以降に第3号被保険者だった妻が離婚したケースが対象。「妻が第3号被保険者だった期間の夫の厚生年金の比例部分」が、強制的に2分の1に分割されて妻が受け取れるようになります。しかし、それ以前の年金については「合意分割」をします。この「3号分割」でも夫の「国民年金」や「企業年金」は分割できません。

3号分割による年金を受け取るための条件は、分割する前に妻自身の年金受給資格（25年以上）を満たしていること。このとき、分割した後の期間は含めません。

離婚分割によって妻が受け取る年金額は、自分の老齢基礎年金と合わせても、決して十分な金額とはいえません。**実際に離婚分割した人の年金の平均月額は、分割する人（夫）が約11万円、分割を受ける人（妻）が約8万円です**（出典：厚生労働省「平成30年度厚生年金保険・国民年金事業の概況」）。夫も妻も経済的に楽ではない状態になるといえます。預貯金も2人で分ければ少なくなってしまいます。**離婚するときには生活レベルが下がることを覚悟し、働くことを前提に生活設計を立てます。**

Q9

楽しみながら節約になる方法はある？

A 「旅行積み立て」「ふるさと納税」がおすすめ

解説

退職後は時間に余裕ができるので、旅行に行きたいと考える人は多いでしょう。

あらかじめ旅行する時期がわかっていれば、**「旅行積み立て」**を利用すると旅行費用をお得に貯められます。「旅行積み立て」は航空会社や旅行会社などが扱っています。**満期の時期と目標額を設定して、毎月一定額を積み立てていきます。満期になると年利1・5～3％の金額がプラスされた「旅行券」が受け取れて、ツアーや航空券などの旅行費用として使えるのが魅力です。**毎月積み立てる以外にも、一括で支払いをして満期に受け取る方法もあります。

たとえばANAの「旅行積立プラン」では、2年後の旅行のために20万円を用意したい場合、いくつかのコースがあります。「毎月払いコース」では毎月8143円を24回積み立てます。積み立て総額19万5432円のところ、2・25％のサービス額4568円がプラスされて20万円の旅行券を受け取れるのです。「一時払いコース」

を選んだ場合は一括で19万1388円を支払います。24カ月後に2・25％のサービス額8612円がプラスされて、やはり20万円の旅行券を受け取れます。

今は銀行に預金しても利息はわずか。旅行の計画があるのなら「旅行積み立て」は有効な方法だといえます。

夫婦で電車の旅行を考えているのなら、JR各社で発売している「フルムーン夫婦グリーンパス」もあります。夫婦の年齢の合計が88歳以上から購入できます。JR全線のグリーン車が、一部を除いて利用できるのがポイント。ゆったりした旅行が楽しめます。5日間用が2人で8万4330円、7日間用が2人で10万4650円。利用期間が決まっているので確認してから利用します。

「ふるさと納税」は返礼品を受け取れて税金の控除もある

「ふるさと納税」は自分の故郷や自分が応援したいと思う自治体に寄付ができる制度です。手続きをすることにより、寄付したお金から2000円を除いた金額について、所得税還付、住民税控除を受けられます。たとえば2万円を寄付したときには、

1万8000円が還付、控除の対象となります。1年間の総額で2000円を払えば、寄付できる上限額は収入や家族構成によって異なります。

寄付をした自治体から届く「返礼品」も「ふるさと納税」の魅力の一つ。返礼品はその地域の特産品などが多くお米、お酒、肉などの食品が人気です。他にも温泉利用券や体験チケットなど、さまざまな返礼品があります。全国のふるさと納税の返礼品を紹介したインターネットのサイトもあり、返礼品を見ながら寄付する地域、寄付する金額を選ぶことも可能です。

年間2000円の自己負担で全国のおいしい特産品を手に入れることができ、楽しみながら食費の節約につながることも。

ふるさと納税を行なったときには確定申告が必要ですが、年間の寄付先が5自治体までの人は「ワンストップ特例制度」の利用で、確定申告をしなくても済みます。なお、自営業の人や医療費控除などを受ける場合などは確定申告を行ないます。

Q10

家計を無理なく減らせる方法はある？

A 家の中で省エネを心がけ固定費も減らす

解説

退職すると家にいる時間が長くなります。家の中で簡単に行なえて省エネにも貢献できる節約方法があります。

1つ目は**照明器具をLEDに取り換える**ことです。白熱電球は1個100円程度と値段は安いですが頻繁に取り換えなければなりません。一方、LEDに取り換えると電球の価格は約2000円と高くなりますが、消費電力が少なくて済み、寿命が長いので長期間、交換も不要です。長い目で見るとお得だといえます。経済産業省によると、**LEDに取り換えると約9カ月でコストが逆転し、年間に換算して電気代が約2430円節約できます。**

2つ目は**お風呂に入るとき。間隔を空けずに続けて入るほうが節約になります。**1人が入浴してから次の人が入るまでに2時間空いた場合と比べて、**続けて入るほうがガス代が年間で約6880円の節約になります。**

3つ目は洗濯機の使い方です。子どもが巣立って夫婦2人暮らし、あるいは1人暮らしになると洗濯物の量が減ります。少ない洗濯量で毎日洗濯するよりも、**2日分まとめて洗濯したほうが、水道代と電気代を合わせて年間約3980円の節約に。**

この3つを実行するのはそれほど難しいことではないはず。それでも年間で1万3290円が節約できることになります。

老後資金を貯めるためには、無理せず少しの工夫で節約できる方法を行なうといいかもしれません。

固定費の見直しで支出を減らす

節約を考えるには固定費を削減するのも大事です。一度見直しを行なうと、その効果が長く続きます。

まず**通信費の見直し**をします。多くの人がスマートフォン（以下、スマホ）を持つようになりましたが、大手の会社を利用している場合、毎月の料金が1万円近くに上ることがあります。不要なオプションを解除したり、安いプランに変更したりすることで月額料金を半分以下に抑えられる場合も。店舗に出向いて店員のアドバイスを受けながら見直すこともできます。

格安スマホや格安ＳＩＭに変えると料金をさらに安くできることがあります。店舗でのサポートを行なっている格安スマホを選べば安心です。

また、車にかかる費用の見直しも効果的です。夫婦２人暮らしであれば、**軽自動車などに乗り換えるとガソリン代が節約でき、税金も安くできます。**

加入している医療保険なども内容を確認して、必要のない特約をやめることで保険料を下げることができます。１６６ページにもあるように高額療養費制度があるので、医療保険を解約する方法もあります。

毎月必ず支払いがある固定費を減らすことは、老後資金を貯めるためにも効果的だといえます。

Q11

今の家を売らないと老後資金が足りない。どうしたらよい？

A 全国の自治体が行なっている移住者を支援する制度を検討してみる

解説

持ち家はあるけれど老後資金にできる預金がない、という人が少なくないようです。**老後資金を作る方法として、家を売ってローンを完済し、売れたお金の一部で地方に家を買って移り住むというやり方があります。**

地方は家の購入費も都会に比べると安いことが多く、残りは老後資金に回せます。物価も安いため生活コストを下げることが可能です。移住支援を行なっている自治体もあるので調べてみるといいかもしれません。ただ、地方は電車やバスの本数が少なく、車がないと生活できないことも。車を運転できなくなってからのことも考慮して、なるべく交通の便がよいところにしたほうがいいでしょう。

また、遠くまで行かないと病院がないこともあります。**年を取るにつれて病院にかかるリスクが増えるので、近い場所に病院があることも大事です。同様に、スーパー、コンビニが近くにあれば利便性が高いといえます。**移住をすると、今まで住んでいた場所のコミュニティから抜けることになります。親しい人と別れて新しい人間関係を築かなければならないのです。地方は近所づき合いも濃密で、それがストレスになることもあります。

しかし、今までのコミュニティから離れることには、いい面もあります。自分が属していたコミュニティが、外食するにも高いレストランを選ぶタイプの人たちで構成されていると、プライドがあるために自分もそういう価値観になってしまいます。その結果、交際費がかさみがちで貯蓄に回せない原因に。

老後資金を貯めるには、今のコミュニティから一旦抜け出すことが必要で、移住はそのために有効な手段です。移住先のコミュニティが、安い居酒屋などで十分だと考える人たちで構成されていれば、自然とそれに合わせて出費を減らすことができます。元の自分を知る人がいないので見栄を張る必要がないのです。このように移住は価値観を変えるチャンスともいえます。価値観を柔軟に変えられた人が移住を成功させ、老後資産を減らさずに済むのです。

おわりに

難しい資産運用を考える前に自分を見つめ直す。

これが本書の趣旨です。


私は、これまで1万組以上の相談を受けてきて、とても多くの方が、「老後不安の解消＝資産運用で増やすこと」と勘違いをしてしまっていることを残念に思います。

この勘違いが生み出すのが、素人なのに資産運用に手を出して失敗し、人生を棒に振る被害者です。

マネーリテラシーを高めるという行為は、投資で儲かる方法を学ぶことではありません。自身を知り、自身の不足を知り、不足するところを投資で補う技術を使うことにあります。

日本人の多くは、残念ながら、その教育を一切受けていない。

私にできることは、一人でも多くの人のマネーリテラシーを向上させることです。

これが広がれば、素人を騙そうとしてくるリテラシーの低い金融パーソンがこの世からいなくなり、老後破産者も減ることだろうと思います。怖くて貯金ばかりしている人が少しでも多くのお金を使い、日本経済の活性化につながると信じています。

ライフプランを考えるという行為は、家を購入するよりも、学費を工面することよりも大きなことです。

「ライフプランなくして、判断をすることは、全人生をどんぶり勘定で進めていくことと同義である」ことを世に知らしめたい。

私たちの活動が、一人でも多くの日本人の支援となり、一人ひとりのマネーリテラシーが向上することにより、スッキリした顔の人たちが気持ちよく経済を回している社会になることを願っています。

田中佑輝

令和2年3月16日

田中佑輝（たなか・ゆうき）

株式会社アルファ・ファイナンシャルプランナーズ代表取締役。東京都生まれ。小学校から10年間シンガポールで過ごす。大学卒業後、日本経済を学ぶため、日本国内の外資系銀行に入行し、専属ファイナンシャルプランナーとして活躍。2011年、「アルファ・ファイナンシャルプランナーズ」を設立。自身でも株式、投信のほか、不動産を二棟＋９部屋を所有し、実践的かつかたよりのない資産運用・形成の情報を提供している。これまで１万人以上の方の「老後不安」を解消してきた。

装幀　岡西幸平（カンカク）
装画・本文イラスト　小関恵子
本文デザイン・組版　朝日メディアインターナショナル株式会社
編集協力　松澤ゆかり

**67歳で貯金がなくなると言われた53歳が
年金だけで100歳まで生きのびる方法**

2020年６月９日　第１版第１刷発行
2023年11月３日　第１版第４刷発行

著　者　田中佑輝
発行者　村上雅基
発行所　株式会社PHP研究所
京都本部　〒601-8411　京都市南区西九条北ノ内町11
〔内容のお問い合わせは〕暮らしデザイン出版部 ☎075-681-8732（編集）
〔購入のお問い合わせは〕普 及 グ ル ー プ ☎075-681-8818（販売）

印刷所
製本所　大日本印刷株式会社

ISBN978-4-569-84642-2